전광훈 목사 설교 시리즈 Light 09
에덴의 원리

전광훈 목사 설교 시리즈 Light 09

에덴의 원리

JUN KWANG HOON

전광훈 지음

들어가는 말

/

　하나님은 인간을 창조하신 후, 인간을 에덴 동산에 두셨습니다. 에덴은 하나님이 인간에게 주신 최초의 선물입니다. 에덴에는 각종 생명체들이 살았지만, 그 원리는 크게 두 가지로 구성되어 있습니다. 바로 4대 강과 두 나무(선악과와 생명나무)입니다. 오늘날도 하나님은 우리를 에덴에 두기를 원하십니다. 에덴은 곧 예수 그리스도입니다. 예수 그리스도 안으로 들어오면, 그 순간부터 사람에게는 에덴의 역사가 일어납니다. 이것을 가리켜 '에덴의 원리'라고 합니다. 〈에덴의 원리〉는 구약시대의 에덴 동산이 우리의 심령 속에 회복되는 방법을 설명하고 있습니다. 에덴의 원리가 회복되는 것은 돈의 많고 적음, 집의 크고 작음, 학벌의 좋음 나쁨에 있지 않고, 오직 예수 그리스도와 연합될 때 완성됩니다. 이 책을 통해 여러분의 심령 속에 에덴의 축복이 임하길 바랍니다.

전광훈 목사 드림

목차

들어가는 말 5

01 에덴의 원리 8
02 에덴동산에 흐르는 강 20
03 생명나무와 선악을 알게 하는 나무 36
04 선악과 반납 52
05 성경에 나타난 강의 의미 68
06 에덴동산 회복하기 98

01

에덴의 원리

창세기 2:1-17

¹천지와 만물이 다 이루니라 ²하나님의 지으시던 일이 일곱째 날이 이를 때에 마치니 그 지으시던 일이 다하므로 일곱째 날에 안식하시니라 ³하나님이 일곱째 날을 복 주사 거룩하게 하셨으니 이는 하나님이 그 창조하시며 만드시던 모든 일을 마치시고 이 날에 안식하셨음이더라 ⁴여호와 하나님이 천지를 창조하신 때에 천지의 창조된 대략이 이러하니라 ⁵여호와 하나님이 땅에 비를 내리지 아니하셨고 경작할 사람도 없었으므로 들에는 초목이 아직 없었고 밭에는 채소가 나지 아니하였으며 ⁶안개만 땅에서 올라와 온 지면을 적셨더라 ⁷여호와 하나님이 흙으로 사람을 지으시고 생기를 그 코에 불어 넣으시니 사람이 생령이 된지라 ⁸여호와 하나님이 동방의 에덴에 동산을 창설하시고 그 지으신 사람을 거기 두시고 ⁹여호와 하나님이 그 땅에서 보기에 아름답고 먹기에 좋은 나무가 나게 하시니 동산 가운데에는 생명나무와 선악을 알게하는 나무도 있더라 ¹⁰강이 에덴에서 발원하여 동산을 적시

고 거기서부터 갈라져 네 근원이 되었으니 [11]첫째의 이름은 비손이라 금이 있는 하윌라 온 땅에 둘렸으며 [12]그 땅의 금은 정금이요 그곳에는 베델리엄과 호마노도 있으며 [13]둘째 강의 이름은 기혼이라 구스 온 땅에 둘렸고 [14]세째 강의 이름은 힛데겔이라 앗수르 동편으로 흐르며 네째 강은 유브라데더라 [15]여호와 하나님이 그 사람을 이끌어 에덴 동산에 두사 그것을 다스리며 지키게 하시고 [16]여호와 하나님이 그 사람에게 명하여 가라사대 동산 각종 나무의 실과는 네가 임의로 먹되 [17]선악을 알게하는 나무의 실과는 먹지 말라 네가 먹는 날에는 정녕 죽으리라 하시니라

"**에덴의 원리.**" 하나님은 인간을 창조하신 후에 어디에 정착시킬 것인가 생각했습니다. 그리고 인간을 에덴에 거하게 하셨습니다.

창세기 2장 8절을 읽어봅시다.

"여호와 하나님이 동방의 에덴에 동산을 창설하시고 그 지으신 사람을 거기 두시고"(창 2:8).

하나님이 이 세상을 창조하실 때 인간을 에덴에 머물게 하신 것처럼, 오늘날에도 하나님은 여러분과 제가 에덴에 머물기를 원하고 계십니다. 여러분의 삶의 공간이 에덴이 되기를 바랍니다.

"심령의 에덴", **"가정의 에덴"**, **"교회의 에덴"**, **"삶의 에덴"**이 되길 원합니다. 여러분이 가는 곳마다 에덴이 이루어지길 원하십니까? 그렇다면 에덴의 원리를 알아야 됩니다.

에덴은 크게 두 가지 원리로 구성되어 있습니다. 첫째는 **"나무"**입니다. 창세기 2장 9절을 읽어봅시다.

"여호와 하나님이 그 땅에서 보기에 아름답고 먹기에 좋은 나무가 나게 하시니 동산 가운데에는 생명나무와 선악을 알게하는 나무도 있더라"(창 2:9).

아름답고 먹기 좋은 나무들과 생명나무, 그리고 선악을 알게 하는 나무가 있었습니다. 그리고 두 번째 **"강"**입니다. 에덴에는 강이 흘렀습니다. 창세기 2장 10-14절을 읽어봅시다.

"강이 에덴에서 발원하여 동산을 적시고 거기서부터 갈라져 네 근원이 되었으니 첫째의 이름은 비손이라 금이 있는 하윌라 온 땅에 둘렸으며 그 땅의 금은 정금이요 그곳에는 베델리엄과 호마노도 있으며 둘째 강의 이름은 기혼이라 구스 온 땅에 둘렸고 세째 강의 이름은 힛데겔이라 앗수르 동편으로 흐르며 네째 강은 유브라데더라"(창 2:10-14).

에덴동산 안에는 네 개의 강이 흘렀습니다. 이렇게 에덴의 원리는 나무와 강으로 나눠져 있습니다.

강이 흐르는 에덴의 원리

여러분의 삶 속에서 에덴이 이루어지기 위해서는 강이 흘러가야 합니다. 강이 없는 에덴은 없습니다. 에덴은 곧 강입니다. 구약시대에 흘렀던 에덴동산의 네 개의 강이 여러분의 심령 속에 흐르면 그곳이 에덴이 됩니다. 믿습니까?

에덴동산은 단지 지나간 옛이야기가 아닙니다. 지금 우리가 살고 있는 이곳에 에덴이 임할 수 있습니다. 여러분, 에덴 안에 살고 싶습니까? 아니면 에덴 밖에서 살고 싶습니까? 모두 에덴 안에서 살고 싶으실 겁니다.

그러면 에덴 안에 산다는 것은 무슨 말입니까? 그것은 바로 예수 안에 산다는 겁니다. 에덴 안에 산다는 것은 곧 예수 안에 산다는 것을 의미합니다. 오늘날의 에덴은 예수입니다. **"예수는 에덴"** 입니다.

여러분이 예수 안에 들어오면 그날부터 여러분의 삶이 에덴동산에 거하는 놀라운 일이 이루어지는 겁니다. 여러분의 삶에 강이 흐를 때 에덴동산이 임하는겁니다.

그럼 이 강은 무엇을 말하는 걸까요? 요한복음 7장에서 예수님이 그 부분을 자세히 설명해 놓았습니다.

요한복음 7장 38절을 읽어봅시다.

"나를 믿는 자는 성경에 이름과 같이 그 배에서 생수의 강이 흘러나오리라 하시니"(요 7:38).

위의 성경구절에서 '성경' 대신 '에덴'으로 다시 한 번 읽어보시기를 바랍니다.

"나를 믿는 자는 에덴에 이름과 같이 그 배에서 생수의 강이 흘러나오리라."

예수님이 하시고 싶은 이야기가 바로 이겁니다. 에덴동산에서 강이 흘렀던 것처럼 이 강이 우리의 뱃속에 흘러야 한다는 겁니다. 에덴동산에 흘렀던 이 강은 오늘날 우리의 뱃속에서도 흘러나와야 합니다. 우리 뱃속에서 흐르는 이 강이 무슨 강인지, 그다음에 설명했습니다.

요한복음 7장 39절입니다.

"이는 그를 믿는 자들이 받을 성령을 가리켜 말씀하신 것이라(예수께서 아직 영광을 받지 않으셨으므로 성령이 아직 그들에게 계시지 안 하시더라)"(요 7:39).

예수님이 말했던 이 강은 바로 성령의 강입니다. 이 책을 읽고 있는 여러분, 지금 이 시간에 여러분에게 성령의 강이 흐르기를 바랍니다. 성령의 강이 여러분 뱃속에 흐르면, 그 사람은 곧 에덴동산에서 생활을 한다는 겁니다.

지금 이 세상을 살아가는 현대인들에게는 돈이 있어야 생활이 됩니다. 그런데 돈이 많으면 지금의 삶이 에덴동산의 삶이 될 것 같습니까? 천만의 말씀입니다. 돈이 많다고 에덴에 들어가는 것이 아닙니다. 돈이 많아도 에덴의 맛을 보지 못할 수 있습니다. 돈이 많다고 해서 이 세상의 삶이 모두 좋고 평탄하며 행복한 것은 아닙니다.

지식이 많으면 에덴동산의 삶이 될 것 같습니까? 지식으로도 에덴동산의 삶을 이룰 수 없습니다. 권력, 명예도 마찬가지입니다.

그럼 에덴동산은 어떻게 가는 것일까요? 에덴동산은 돈이 없어도 갈 수 있습니다. 에덴동산에 들어갈 수 있는 사람은, 그 뱃속에 성령이 흐르는 사람입니다. 주변 환경이 어떠하든 상관없습니다. 그 뱃속에 성령이 흐르면, 그곳이 곧 에덴동산입니다.

기쁨과 소망이 있는 사람

제가 서울에 처음 올라왔을 때 금호동 달동네에서 지냈습니다. 집에 화장실도 없어서 화장실을 가려면 마을 공동 화장실을 이용

해야 했습니다. 마을 공동 화장실을 이용하는 것은 정말 힘듭니다. 어떨 때는 급한데, 먼저 들어간 사람이 나오지 않는 겁니다. 그럼 엉덩이에 힘을 꽉 주고 참으면서 기다릴 수밖에 없습니다. 그렇게 시간이 좀 지나면 배가 아파옵니다. 그런 곳에서 생활을 했습니다.

먹는 것도 제대로 먹지 못했습니다. 서울에 처음 올라왔을 때 돈이 없어서 배추도 알맹이가 좋은 것을 못 샀습니다. 알맹이가 없고 배추 겉이 누런 것들, 그리고 밤 열한 시에 시장에 가서 마지막 남은 것들을 샀습니다. 그걸 가지고 와서 앞뒤 다 자르고 남은 것만 된장에 풀어서 끓여 먹었습니다.

제가 이런 이야기를 하면 고생이 많았다고 생각할 겁니다. 힘들었을 것이라고 생각합니다. 어떤 분은 '어떻게 그렇게 살았을까?' 하는 생각도 할 겁니다. 맞습니다. 힘들고 어려웠습니다. 하지만, 저는 그런 환경에서도 기뻤습니다. 소망이 넘쳤습니다. 저는 그때 에덴동산을 경험했기 때문입니다. 제가 성령을 처음 맞이했을 때였습니다. 성령이 내 뱃속에 들어와 흘러넘치니 그냥 주변의 환경과 상관없이 내 삶에 기쁨과 소망이 흘러 넘쳤습니다. 그렇게 좋을 수가 없었습니다. 어떻게 보면, 요즘보다 더 좋았던 것 같습니다. 그때를 생각하면 얼마나 기쁨이 큰지 벅찬 마음을 감당할 수 없습니다. 제 삶에 에덴동산이 왔습니다.

여러분에게도 제게 온 에덴동산이 임하길 바랍니다. 에덴이 하늘에서 확 내려와 여러분의 삶에 가득하길 바랍니다.

에덴의 원리는 조건이나 상황에 있지 않습니다. 내 삶에 강이 흐르면 내 삶이 에덴으로 변합니다. 여러분 속에 강이 흐르길 원하십니까? 그 강이 여러분 속에 흐른다면, 기쁨과 소망이 여러분의 삶에서 흘러넘칠 겁니다. 〈나의 기쁨 나의 소망〉을 불러봅시다.

<나의 기쁨 나의 소망>

1. 나의 기쁨 나의 소망되시며 나의 생명이 되신 주
   밤낮 불러서 찬송을 드려도 늘 아쉰 마음뿐일세

2. 나의 사모하는 선한목자는 어느 꽃다운 동산에
   양의 무리와 늘 함께 가셔서 기쁨을 함께 하실까

3. 길도 없이 거친 넓은 들에서 갈길 못 찾아 애쓰며
   이리 저리로 헤매는 내 모양 저 원수 조롱하도다

4. 주의 자비롭고 화평한 얼굴 모든 천사도 반기고
   주의 놀라운 진리의 말씀에 천지가 화답하도다

5. 나의 진정 사모하는 예수여 음성조차도 반갑고
   나의 생명과 나의 참 소망은 오직 주 예수뿐일세

우리 모두 에덴동산을 각자의 삶에서 체험합시다. 우리의 삶에 에덴동산이 임해야 됩니다. 우리의 삶에 성령의 강이 흐르면 됩니다. 예수님이 우리에게 성경을 통해 알려주셨습니다.

다시 한 번 요한복음 7장 38절을 읽어봅시다.

"나를 믿는 자는 성경에 이름과 같이 그 배에서 생수의 강이 흘러나오리라 하시니"(요 7:38).

우리가 성경 읽을 때 항상 기억할 것이 있습니다. 성경에 기록된 이야기들이 수천 년 전에 있었던 이야기에서 그치면 안 됩니다. 성경의 이야기는 오늘날 우리의 삶에서도 이루어집니다. 지금 나의 삶에도 그대로 적용이 됩니다.

기쁨과 소망이 없는 사람

에덴동산이 지금 우리에게도 있다는 겁니다. 나도 에덴동산에 들어갈 수 있습니다. 그 에덴동산은 예수를 말합니다. 예수를 믿으면 뱃속에 성령의 강이 흐릅니다.

"나를 믿는 자는 성경에 이름과 같이."

예수님이 하신 말씀입니다. 예수님이 이때 말씀하신 성경은 신약입니까? 구약입니까? 그때는 신약성경이 없었습니다. 구약성경만 있었습니다. 그러니까 예수님 말씀하신 성경은 바로 구약성경을 말하는 겁니다.

구약성경 중에 강이 흘렀다는 첫 번째 성경은 창세기에 기록된 에덴동산입니다. 그러니까 에덴동산에 강이 흘렀다는 그 강처럼 우리의 배에서 생수의 강이 흘러나오라는 겁니다. 생수의 강이 곧 성령입니다. 성령을 받으면 성령의 강이 우리 안에 흐른다는 겁니다.

성령을 받은 사람은 찬송을 부르면 강이 흐릅니다. 믿습니까? 성령의 강이 흐르는 사람은 불평과 불만이 없습니다. 어떤 상황에서도 감사가 넘칩니다. 기쁨이 흐릅니다.

그런데 교회를 다녀도 예수를 제대로 믿지 않고 성령을 못 받은 사람에게는 강이 흐르지 않습니다. 강이 흐르지 않으니까 교회를 다녀도 기쁨이 없는 겁니다. 찬송을 불러도 '나의 기쁨이요, 나의 소망'이라는 고백이 나오지 않는 겁니다. 삶에서 에덴동산이 없기 때문입니다. 에덴동산이 없으면 교회를 다녀도 자꾸 불평과 불만이 생깁니다.

성령의 강이 흐르지 않은 사람의 특징이 불평과 불만이 가득하다는 겁니다. 뭘 해도 불평합니다. 교회를 다니고 찬송을 하고, 기도를 해도 불만이 많습니다. 설교를 듣고 설교자를 평가하고 불만을 표출합니다. 그러니 기쁨이 없는 것은 당연한 겁니다.

그런데 이런 사람에게도 성령의 강이 흐르면 불평이 없어집니다. 기쁨이 넘칩니다. 뭐든지 감사합니다. 위로부터 오는 성령의 강이 우리의 삶을 에덴동산으로 변화시키는 겁니다. 아멘. 할렐루야.

여러분이 교회를 그냥 왔다 갔다 하면 안 됩니다. 여러분 뱃속에 성령의 강이 흘러야 됩니다. 에덴동산에 흘렀던 강이 여러분의 가슴속에 흘러야 됩니다. 그래야 교회를 다니는 기쁨이 있고, 의미가 있는 겁니다.

다시 이야기하지만, 여러분에게 강이 흐르지 않으면 교회 다녀도 불평, 불만, 짜증, 원망으로 가득합니다.

(기도)

"이 세상을 창조하신 창조주 하나님, 우리가 에덴의 원리를 깨닫게 하옵소서. 하나님께서 우리에게 주신 에덴동산의 삶을 회복하게 하옵소서. 그리고 에덴의 축복을 누리며 살아가게 하옵소서. 예수 그리스도의 이름으로 기도하옵나이다. 아멘."

02

에덴동산에 흐르는 강

창세기 2:1-17

¹천지와 만물이 다 이루니라 ²하나님의 지으시던 일이 일곱째 날이 이를 때에 마치니 그 지으시던 일이 다하므로 일곱째 날에 안식하시니라 ³하나님이 일곱째 날을 복 주사 거룩하게 하셨으니 이는 하나님이 그 창조하시며 만드시던 모든 일을 마치시고 이 날에 안식하셨음이더라 ⁴여호와 하나님이 천지를 창조하신 때에 천지의 창조된 대략이 이러하니라 ⁵여호와 하나님이 땅에 비를 내리지 아니하셨고 경작할 사람도 없었으므로 들에는 초목이 아직 없었고 밭에는 채소가 나지 아니하였으며 ⁶안개만 땅에서 올라와 온 지면을 적셨더라 ⁷여호와 하나님이 흙으로 사람을 지으시고 생기를 그 코에 불어 넣으시니 사람이 생령이 된지라 ⁸여호와 하나님이 동방의 에덴에 동산을 창설하시고 그 지으신 사람을 거기 두시고 ⁹여호와 하나님이 그 땅에서 보기에 아름답고 먹기에 좋은 나무가 나게 하시니 동산 가운데에는 생명나무와 선악을 알게하는 나무도 있더라 ¹⁰강이 에덴에서 발원하여 동산을 적시

고 거기서부터 갈라져 네 근원이 되었으니 ¹¹첫째의 이름은 비손이라 금이 있는 하윌라 온 땅에 둘렸으며 ¹²그 땅의 금은 정금이요 그곳에는 베델리엄과 호마노도 있으며 ¹³둘째 강의 이름은 기혼이라 구스 온 땅에 둘렸고 ¹⁴세째 강의 이름은 힛데겔이라 앗수르 동편으로 흐르며 네째 강은 유브라데더라 ¹⁵여호와 하나님이 그 사람을 이끌어 에덴 동산에 두사 그것을 다스리며 지키게 하시고 ¹⁶여호와 하나님이 그 사람에게 명하여 가라사대 동산 각종 나무의 실과는 네가 임의로 먹되 ¹⁷선악을 알게하는 나무의 실과는 먹지 말라 네가 먹는 날에는 정녕 죽으리라 하시니라

"에덴의 원리." 하나님께서 사람을 창조하신 후에 인간에게 주신 최초의 선물이 에덴동산이었습니다. 성경을 보면, 에덴동산에는 큰 강이 네 개가 흐르고 있습니다.

창세기 2장 10-14절을 읽어봅시다.

"강이 에덴에서 발원하여 동산을 적시고 거기서부터 갈라져 네 근원이 되었으니 첫째의 이름은 비손이라 금이 있는 하윌라 온 땅에 둘렸으며 그 땅의 금은 정금이요 그곳에는 베델리엄과 호마노도 있으며 둘째 강의 이름은 기혼이라 구스 온 땅에 둘렸고 세째 강의 이름은 힛데겔이라 앗수르 동편으로 흐르며 네째 강은 유브라데더라"(창 2:10-14).

에덴동산에 흐르는 첫째 강은 **"비손"**입니다. 두 번째 강은 **"기**

혼"입니다. 세 번째 강은 **"힛데겔"**입니다. 마지막 네 번째 강은 **"유브라데"**입니다. 비손은 금이 있는 하윌라 온 땅을 둘렀으며 그 땅의 금은 순금이고, 그곳에는 베델리엄과 호마노도 있었습니다. 이는 **"생명의 강"**을 나타냅니다. 기혼은 구스 온 땅을 둘렀습니다. 이는 **"소성의 강"**을 나타냅니다. 힛데겔은 앗수르 동쪽으로 흘렀습니다. 이는 **"치료의 강"**을 나타냅니다. 그리고 유브라데가 흘렀습니다. 이는 **"그리스도와 연합의 강"**을 나타냅니다. 이렇게 에덴동산에는 네 개의 강이 흘렀습니다.

예수님은 에덴동산에 흘렀던 네 개의 강을 성령의 강이라고 말씀하셨습니다. 요한복음 7장 37-38절을 읽어봅시다.

"명절 끝날 곧 큰 날에 예수께서 서서 외쳐 가라사대 누구든지 목마르거든 내게로 와서 마시라 나를 믿는 자는 성경의 이름과 같이 그 배에서 생수의 강이 흘러나리라 하시니"(요 7:37-38).

예수님이 그 배에서 무엇이 나온다고 했습니까? 생수의 강입니다. 그런데 예수님이 이 말씀을 하실 때 앞선 것이 있습니다. "누구든지 목마르거든"이라고 말씀하셨습니다. 여기서 말하는 목마름이라는 것이 육신의 물을 말하는 겁니까? 아니면 영의 물을 말하는 겁니까? 예수님은 육신의 물이 아니라 영의 물을 말하는 겁니다. 영의 물이 마르다면 예수님 자신에게 와서 마시라고 말한 겁니다.

영의 물을 마시는 자

그럼, 이 영의 물을 어떻게 마시느냐? 예수님이 그걸 계속해서 이야기합니다.

요한복음 7장 38절에 나옵니다.

"나를 믿는 자는 성경에 이름과 같이 그 배에서 생수의 강이 흘러나리라 하시니"(요 7:38).

예수님을 믿는 자가 영의 물을 마실 수 있다는 겁니다. "성경에 이름과 같이"라고 했는데, 여기서 말하는 성경은 구약성경입니다. 이때는 신약성경이 없었습니다. 그러니까, 구역성경에 나오는 강을 말하는 겁니다. 그게 바로 앞서 이야기한 에덴동산에 흐르는 강을 말하는 겁니다. 그 생수의 강이 흘러나온다는 겁니다. 그러니까, 예수님은 에덴동산에 흘렀던 네 개의 강이 에덴동산에서만 흐르는 것이 아니라, 예수 그리스도를 믿는 자마다 흐른다는 걸 말한 겁니다. 이건 예수님 당시에만 해당하는 것이 아니라 지금 오늘날에도 동일하게 임하는 겁니다. 우리가 예수 그리스도를 믿는다면 우리 속에도 생수의 강이 흐른다는 겁니다.

이렇게 우리의 가슴속에 흐르는 영적 강을 예수님은 뭐라고 설명하는지 아십니까? 계속해서 39절을 읽어봅시다.

"이는 그를 믿는 자의 받을 성령을 가리켜 말씀하신 것이라 (예수께서 아직 영광을 받지 못하신고로 성령이 아직 저희에게 계시지 아니하시더라)"(요 7:39).

예수님이 말씀하시길, '이는 그를 믿는 자의 성령'이라고 했습니다. 이건 다른 말로 성령의 강이라고 말할 수 있습니다. 성령의 강이 흘러야 된다는 말입니다. 예수를 믿고 교회에 나오는 사람들마다 그 속에 성령의 강이 흘러야 그때 비로소 정상적인 그리스도인이 된다는 겁니다. 할렐루야.

그래서 예수를 믿는다고 고백한 그리스도인은 하나님께 이렇게 기도해야 합니다.

"주여, 내 속에도 영적인 강이 흐르게 해 주세요."

성경을 보면, 죄가 없는 시대가 나옵니다. 이 시대가 언제인지 아십니까? 창세기 1장과 2장입니다. 그리고 요한계시록 21장과 22장입니다. 성경의 처음 시작인 창세기 두 장과 성경의 마지막인 요한계시록 마지막 두 장입니다. 죄가 없는 시대에 나타난 현상들이 있는데, 그 중에 하나가 강입니다.

요한계시록 22장 1-3절을 읽어봅시다.

"또 저가 수정같이 맑은 생명수의 강을 내게 보이니 하나님과 및 어린 양의 보좌로부터 나서 길 가운데로 흐르더라 강 좌우에 생명나무가 있어 열두 가지 실과를 맺히되 달마다 그 실과를 맺히고 그 나무 잎사귀들은 만국을 소성하기 위하여 있더라 다시 저주가 없으며 하나님과 어린 양의 보좌가 가운데 있으리니 그의 종들이 그를 섬기며"(계 22:1-3).

사도 요한은 수정같이 맑은 생명수의 강이 보였다고 했습니다. 그리고 창세기에서는 에덴동산의 강이 나타났습니다. 이렇게 죄가 없었던 시대였던 성경의 첫 장과 마지막 장에는 강이 나타납니다.

창세기 3장에서 죄가 시작됩니다. 죄가 시작되면서 인간은 에덴동산에서 쫓겨납니다. 그래서 에덴동산에 흐르는 강을 접할 수 없습니다. 그때부터는 이 강을 직접적으로 얻을 수 없습니다.

에덴동산에 흐르는 이 강은 지하수로 흐릅니다. 이게 영적 강입니다. 강물이 지하로 흐르니까, 사람들이 영적 강을 얻기 위해서, 지하수를 얻기 위해서 샘을 팝니다. 샘을 파서 생수를 얻을 수 있는 겁니다.

이 샘을 우리는 **"기도의 샘, 찬송의 샘, 말씀의 샘, 예배의 샘"** 등으로 나눌 수 있습니다. 영적 생수를 얻기 위해서 샘을 파는 자에게 생수가 넘쳐흐르게 됩니다.

엘리사가 적들이 쳐들어왔을 때 살기 원한다면, 이기기 원한다면 개천을 파라고 했던 것도 이와 같은 맥락입니다. 지금 여러분의 심령에도 영적 샘을 파기를 바랍니다. 영적인 강이 우리 안에 흘러야 합니다.

어린 양의 보좌로부터 시작

영적 강이 우리에게 정말 중요한데, 이 강은 어디에서부터 시작된 걸까? 우리가 앞서 읽었던 요한계시록 22장에 보면, 그 출발점을 하나님과 및 어린 양의 보좌라 했습니다. 요한계시록 22장 1-3절을 다시 읽어봅시다.

"또 저가 수정같이 맑은 생명수의 강을 내게 보이니 하나님과 및 어린 양의 보좌로부터 나서 길 가운데로 흐르더라 강 좌우에 생명나무가 있어 열두 가지 실과를 맺히되 달마다 그 실과를 맺히고 그 나무 잎사귀들은 만국을 소성하기 위하여 있더라 다시 저주가 없으며 하나님과 어린 양의 보좌가 가운데 있으리니 그의 종들이 그를 섬기며"(계 22:1-3).

사도 요한은 이 강을 수정같이 맑은 생명수의 강이라고 하면서 그 출발점이 하나님과 및 어린 양의 보좌로부터 시작됐다고 했습니다. 어린 양의 보좌란 말이 무슨 말입니까? 성경에서 어린 양은 예수님을 나타냅니다. 성경에 예수님을 부를 때 다양하게 이야기합니다. 약 200가지나 된다고 합니다. 어린 양, 그리스도, 목자, 반석 등 정말 많습니다. 그런데 예수님을 향해 어린 양이라고 부를 때는 **"십자가의 죽음"**을 이야기할 때 말합니다. 그러니까 생명의 강이 어린 양의 보좌로부터 출발된다는 것은 이 성령의 강은 **"그리스도의 십자가로부터 시작"**된다는 겁니다.

성경에 어린 양이 나오면 예수님의 십자가의 죽음을 생각하면 됩니다. 그러니까 생명수의 강이 어린 양의 보좌로부터 출발되었다는 것은 예수님의 십자가의 죽음과 관계가 있다는 겁니다. 여러분 속에도 생명수의 강이 흐르기를 원한다면 예수님의 죽음의 십자가를 잘 붙잡아야 합니다.

예수님의 죽음의 십자가를 모르는 사람은 성령의 강이 흐르지 않습니다. 교회를 다니고 있지만, 그 안에 성령의 강이 흐르지 않는 사람들이 많습니다. 그 이유는 교회만 다닐 뿐 예수님의 죽음의 십자가를 모르기 때문입니다.

그런데 많은 사람들이 성령의 강이 흐른다고 착각하면서 삽니다. 자신에게 성령의 강이 흐르지 않고 있다는 것을 깨닫고 영적 목마름을 느낀 사람들은 갈증을 채우기 위해서 행동합니다. 하지만 영적으로 메마른 것을 모르고 착각 속에서 사는 사람들은 갈증을 채우는 행동도 하지 않습니다. 목마른 자들이 우물을 찾듯이 영적으로 목마른 사람들은 예수님을 찾게 됩니다. 〈목마른 자들아〉라는 찬양이 있습니다.

<목마른 자들아>

목마른 자들 다 이리 오라 이곳에 좋은 샘 흐르도다
힘쓰고 애씀이 없을지라도 이 샘에 오면 다 마시겠네

이 샘에 나는 물 강같이 흘러 온 천하만국에 다 통하네
빈부나 귀천이 분별이 없이 다 와서 쉬고 또 마시겠네

신기한 샘물을 마신 자마다 목 다시 갈하지 아니하고
속에서 솟아나 생수가 되어 영원히 솟아 늘 풍성하리

이 샘의 이름은 생명의 샘물 저 수정 빛같이 늙 맑도다
어린 양 보좌가 근원이 되어 생명수 샘이 늘 그치지 않네

목마른 자들이 샘을 찾고 샘물을 마심으로 생명수의 강이 우리 안에 흐르는 겁니다. 생명수의 강의 출발점이 어린 양이신 예수 그리스도입니다. **"예수님의 십자가"**입니다. 예수님의 십자가를 아는 것이 중요합니다. 사람마다 십자가를 아는 깊이가 다릅니다. 이건 마치 양파 껍질과 같습니다. 양파 껍질을 까면 깔수록 새로운 부분이 나오는 것처럼 십자가를 안다고 생각하지만, 십자가를 깊이 들여다볼수록 그 안에 우리가 모르는 것이 나옵니다. 그렇게 십자가를 아는 깊이가 사람마다 다릅니다.

예수님의 십자가

십자가는 로마에서 죄인들을 처형하는 방법 중 하나였습니다. 2,000여 년 전에 로마를 향해 싸우다가 잡혀서 십자가에서 처형당한 유대인들이 있습니다. 예수님이 십자가형으로 죽음을 맞이했고, 그 이후 예수를 믿는 사람들이 십자가에서 죽었습니다. 여기까지만 십자가를 아는 것은 십자가의 껍질만 아는 것에서 그칩니다. 이건 십자가의 참 의미를 모르는 사람들입니다. 이렇게 십자가를 아는 것으로는 그 속에 생수의 강이 흐른다고 볼 수 없습니다.

십자가는 예수 그리스도가 나의 죄 때문에 십자가에서 죽으셨다는 것을 최소한 알고 있어야 합니다. 예수님이 예수님 자신을 위해서 십자가에서 죽으신 것이 아니라 우리의 죄를 대신해서 십자가에서 죽으셨다는 겁니다. 최소한 여기서 샘이 출발되어야 합니다.

내 죄 때문에 예수님이 십자가에서 죽으셨다는 것을 알고 받아들일 때 그 사람은 구원을 받습니다. 예수님의 십자가를 알아야 합니다. **"십자가를 알자."**

예수 그리스도가 나의 죄 때문에 십자가에서 죽으신 것을 알았다면, 그다음에 우리가 알아야 할 것이 있습니다. 바로 예수님이 죽음과 동시에 나도 그 십자가에서 죽었다는 겁니다. 여기서 우리가 십자가에서 죽었다는 것은 육체의 죽음을 이야기하는 것이 아닙니다. 이건 우리의 자아가 죽었다는 겁니다.

"자아." 나의 자아가 예수님과 함께 죽었다는 겁니다. 이건 다른 말로 이야기하면 **"자아의 파쇄"**입니다. 예수님의 십자가의 피를 아는 사람 속에는 강이 흐릅니다. 하지만 그 강이 흘러넘치지 않습니다. 강이 넘치도록 흐르려면 자아의 파쇄가 있어야 합니다. 예수님이 나의 죄 때문에 십자가에서 죽으실 때 나의 자아도 함께 죽어야 합니다.

사도 바울은 이 부분을 고린도 교인들에게 이야기했습니다. 고린도후서 4장 11절을 읽어봅시다.

"우리 산 자가 항상 예수를 위하여 죽음에 넘기움은 예수의 생명이 또한 우리 죽을 육체에 나타나게 하려 함이니라"(고후 4:11).

여기에 중요한 말이 있습니다.

"우리 산 자가 항상 예수를 위하여 죽음에 넘기라."

그리하면 너희 속에 샘이 터져난다고 말합니다. 우리 산 자가 항상 예수를 위하여 죽음으로 넘기라고 하는데, 죽음으로 넘기는 부분이 바로 우리의 자아입니다. 사도 바울이 갈라디아서에서도 이야기합니다.

갈라디아서 2장 20절을 읽어봅시다.

"내가 그리스도와 함께 십자가에 못 박혔나니 그런즉 이제는 내가 산 것이 아니요 오직 내 안에 그리스도께서 사신 것이라 이제 내가 육체 가운데 사는 것은 나를 사랑하사 나를 위하여 자기 몸을 버리신 하나님의 아들을 믿는 믿음 안에서 사는 것이라"(갈 2:20).

예수 그리스도가 십자가에서 죽을 때 나의 자아도 함께 십자가에서 죽었다는 겁니다. 내 자아도 그때 죽었다는 말입니다. 내가 살아있지만, 나의 자아가 죽고 내 안에 그리스도께서 사는 겁니다.

이런 말씀을 체험하지 못한 사람은 십자가를 깊이 모릅니다. 십자가의 원천을 모르기 때문입니다. 하지만 이 말씀의 의미를 아는 사람 속에는 생수의 강이 흐르고 있습니다. 이 책을 읽는 모든 분들이 십자가의 원천에 닿기를 바랍니다.

성경 말씀이 여러분의 삶에서 체험이 되어야 합니다. 자아의 죽음이 일어나야 합니다. 어린 양의 보좌로부터 시작된 십자가의 죽음을 알아야 합니다. 그리고 그 죽음은 예수의 죽음에서 그치는 것이 아니라 나의 자아도 함께 죽었다는 것을 알아야 합니다.

구약의 에스겔서에도 보면, 하나님의 전과 제단에서부터 물이 출발한다고 합니다. 여기서 말하는 제단은 곧 죽음을 말하는 겁니다.

에스겔 47장 1-12절을 읽어봅시다.

"그가 나를 데리고 전 문에 이르시니 전의 전면이 동을 향하였는데 그 문지방 밑에서 물이 나와서 동으로 흐르다가 전 우편 제단 남편으로 흘러 내리더라 그가 또 나를 데리고 북문으로 나가서 바깥 길로 말미암아 꺾어 동향한 바깥 문에 이르시기로 본즉 물이 그 우편에서 스미어 나오더라 그 사람이 손에 줄을 잡고 동으로 나아가며 일천척을 척량한 후에 나로 그 물을 건너게 하시니 물이 발목에 오르더니 다시 일천척을 척량하고 나로 물을 건너게 하시니 물이 무릎에 오르고 다시 일천척을 척량하고 나로 물을 건너게 하시니 물이 허리에 오르고 다시 일천척을 척량하시니 물이 내가 건너지 못할 강이 된지라 그 물이 창일하여 헤엄할 물이요 사람이 능히 건너지 못할 강이더라 그가 내게 이르시되 인자야 네가 이것을 보았느냐 하시고 나를 인도하여 강 가로 돌아가게 하시기로 내가 돌아간즉 강 좌우편에 나무가 심히 많더라 그가 내게 이르시되 이 물이 동방으로 향하여 흘러 아라바로 내려가서 바다에 이르리니 이 흘러 내리는 물로 그 바다의 물이 소성함을 얻을찌라 이 강물이 이르는 곳마다 번성하는 모든 생물이 살고 또 고기가 심히 많으리니 이 물이 흘러 들어 가므로 바닷물이 소성함을 얻겠고 이 강이 이르는 각처에 모든 것이 살 것이며 또 이 강 가에 어부가 설 것이니 엔게디에서부터 에네글라임까지 그물 치는 곳이 될 것이라 그 고기가 각기 종류를 따라 큰 바다의 고기 같이 심히 많으려니와 그 진펄과 개펄은 소성되지 못하고 소금 땅이 될 것이며 강 좌우 가에는 각종 먹을 실과나무가 자라서 그 잎이 시들지 아니하며 실과가 끊치지 아니하고 달마다 새 실과를 맺으리니 그 물이 성소로 말미암아 나옴이라 그 실과는 먹을 만하고 그 잎사귀는 약 재료가 되리라"(겔 47:1-12).

우리 자아가 죽을 때 이 강이 흐르기 시작합니다. 여러분의 자아가 십자가에서 예수 그리스도와 함께 죽으면 에덴동산의 네 개의 강이 흐른단 말입니다. 그러니까 철저히 우리의 자아가 죽어야 됩니다. 사나 죽으나 모두 예수 그리스도 안에 있어야 합니다.

<이제 내가 살아도>

이제 내가 살아도 주 위해 살고 이제 내가 죽어도 주 위해 죽네
하늘 영광 보여주며 날 오라하네 할렐루야 찬송하며 주께 갑니다
그러므로 나는 사나 죽으나 주님의 것이요
사나 죽으나 사나 죽으나
날 위해 피 흘리신 내 주님의 것이요

이제 내가 떠나도 저 천국가고 이제 내가 있어도 주 위해 있네
우리 예수 찬송하며 나는 가겠네 천군천사 나팔불며 마중 나오네
그러므로 나는 사나 죽으나 주님의 것이요
사나 죽으나 사나 죽으나
날 위해 피 흘리신 내 주님의 것이요

성령 충만 능력 충만 주의 일하고 사랑으로 이웃에게 복음 전하네
주가 주신 면류관 받아쓰고서 할렐루야 영원토록 왕 노릇하네
그러므로 나는 사나 죽으나 주님의 것이요
사나 죽으나 사나 죽으나
날 위해 피 흘리신 내 주님의 것이요

사나 죽으나 모두 예수 그리스도 안에 있어야 한다고 했는데, 그러기 위해서는 성령의 역사가 일어나야 합니다.

요한복음 7장 38-39절을 읽어봅시다.

"나를 믿는 자는 성경에 이름과 같이 그 배에서 생수의 강이 흘러나리라 하시니 이는 그를 믿는 자의 받을 성령을 가리켜 말씀하신 것이라 (예수께서 아직 영광을 받지 못하신 고로 성령이 아직 저희에게 계시지 아니하시더라)"(요 7:38-39).

예수님이 자신을 믿는 자에게 성령의 역사가 일어난다고 했습니다. 그런데, 아직 예수님이 십자가에 죽지 아니하시므로 성령이 역사하지 않았습니다. 그러니까 성령의 생명수의 강의 출발이 바로 예수님의 십자가로부터 시작된다는 말입니다. 여러분들도 예수님과의 십자가의 관계가 바로 되기를 바랍니다.

십자가를 잘 붙잡아야 생명의 강이 출발되는 겁니다. 거기서부터 강이 시작된단 말입니다. 우리 속에 있는 성령의 강은 십자가의 은혜, 십자가의 역사가 여러분의 가슴에서 일어날 때 시작된다는 겁니다. 여러분이 십자가를 붙잡아서 생명의 강이 출발되고, 그 강이 점점 커져서 여러분의 삶을 다 적시기를 바랍니다. 사업도 적시고, 심령도 적시고, 가정도 적시고, 모든 삶이 생명수에 젖어들기를 바랍니다. 할렐루야.

> 기도

"온 우주 만물을 창조하시고 에덴의 원리로 이끄시는 하나님, 감사합니다. 하나님, 우리에게 생명수의 강이 흐르게 하옵소서. 우리 속에 성령의 강이 흐르게 하옵소서. 에덴동산에 흘렀던 생명의 강이 우리의 심령에도 흐르게 하옵소서. 나를 믿는 자의 받을 성령의 강이라고 말씀하신 예수님의 말씀대로 우리에게도 성령의 강이 흐르게 하옵소서. 예수님의 이름으로 기도하옵나이다. 아멘."

03

생명나무와 선악을 알게 하는 나무

창세기 2:1-17

¹천지와 만물이 다 이루니라 ²하나님의 지으시던 일이 일곱째 날이 이를 때에 마치니 그 지으시던 일이 다하므로 일곱째 날에 안식하시니라 ³하나님이 일곱째 날을 복 주사 거룩하게 하셨으니 이는 하나님이 그 창조하시며 만드시던 모든 일을 마치시고 이 날에 안식하셨음이더라 ⁴여호와 하나님이 천지를 창조하신 때에 천지의 창조된 대략이 이러하니라 ⁵여호와 하나님이 땅에 비를 내리지 아니하셨고 경작할 사람도 없었으므로 들에는 초목이 아직 없었고 밭에는 채소가 나지 아니하였으며 ⁶안개만 땅에서 올라와 온 지면을 적셨더라 ⁷여호와 하나님이 흙으로 사람을 지으시고 생기를 그 코에 불어 넣으시니 사람이 생령이 된지라 ⁸여호와 하나님이 동방의 에덴에 동산을 창설하시고 그 지으신 사람을 거기 두시고 ⁹여호와 하나님이 그 땅에서 보기에 아름답고 먹기에 좋은 나무가 나게 하시니 동산 가운데에는 생명나무와 선

악을 알게하는 나무도 있더라 ¹⁰강이 에덴에서 발원하여 동산을 적시고 거기서부터 갈라져 네 근원이 되었으니 ¹¹첫째의 이름은 비손이라 금이 있는 하윌라 온 땅에 둘렸으며 ¹²그 땅의 금은 정금이요 그곳에는 베델리엄과 호마노도 있으며 ¹³둘째 강의 이름은 기혼이라 구스 온 땅에 둘렸고 ¹⁴세째 강의 이름은 힛데겔이라 앗수르 동편으로 흐르며 네째 강은 유브라데더라 ¹⁵여호와 하나님이 그 사람을 이끌어 에덴 동산에 두사 그것을 다스리며 지키게 하시고 ¹⁶여호와 하나님이 그 사람에게 명하여 가라사대 동산 각종 나무의 실과는 네가 임의로 먹되 ¹⁷선악을 알게하는 나무의 실과는 먹지 말라 네가 먹는 날에는 정녕 죽으리라 하시니라

에덴동산은 하나님께서 인간을 창조하신 후에 제일 먼저 주신 축복입니다. 에덴동산에는 네 개의 큰 강이 흘렀다고 성경이 말씀하고 있습니다. 에덴은 크게 나누어서 강과 나무로 되어 있습니다. 에덴동산에 흐른 강은 **비손, 기혼, 힛데겔, 유브라데**입니다. 에덴동산에 흘렀던 이 강은 무슨 뜻일까요?

예수님은 요한복음 7장 37절에서 그 의미를 말씀하셨습니다.

"명절 끝날 곧 큰 날에 예수께서 서서 외쳐 가라사대 누구든지 목마르거든 내게로 와서 마시라 나를 믿는 자는 성경에 이름과 같이 그 배에서 생수의 강이 흘러나리라 하시니"(요 7:37).

예수님을 믿는 자는 성경에 이름과 같이 생수의 강이 흘러나와

야 합니다. 그런데 예수님이 이야기한 생수의 강은 영적인 강을 의미합니다.

요한복음 7장 39절을 읽어봅시다.

"이는 그를 믿는 자의 받을 성령의 강을 가리켜 말씀하신 것이라 (예수께서 아직 영광을 받지 못하신고로 성령이 아직 저희에게 계시지 아니하시더라)"(요 7:39).

생수의 강이 바로 성령의 강을 말하는 겁니다. 그러니까 성령의 강이 우리의 속에 흐른다는 겁니다. 예수님을 믿는 사람 속에는 성령의 강이 흐르는데, 이 성령의 강이 흐르면 어떻게 될까? 예수로 인하여 우리의 심령, 가정, 교회, 삶 속에서 생명, 소성, 치료, 그리스도와의 연합이 이루어집니다.

생명나무, 그리고 선악과와 십자가

에덴동산에는 생명나무와 선악을 알게 하는 나무가 있었습니다. 생명나무는 예수님을 나타냅니다. 생명이신 예수님이 이 세상에 오셔서 십자가에서 죽으셨습니다. 그럼, 예수님은 왜 십자가에서 죽은 것일까? 예수님이 십자가에서 죽으신 이유가 앞에서 나의 죄 때문이라고 했습니다. 맞습니다. 나의 죄 때문입니다. 이 죄와 십자가에 대해서 이야기할 때 우리가 에덴동산에서 일어난 일을 말하지 않을 수 없습니다.

아담과 하와가 에덴동산에서 살았습니다. 에덴동산에는 선악을 알게 하는 나무가 있었습니다. 하나님이 선악과를 먹지 말라고 했습니다.

창세기 2장 15-17절을 읽어봅시다.

"여호와 하나님이 그 사람을 이끌어 에덴 동산에 두사 그것을 다스리며 지키게 하시고 여호와 하나님이 그 사람에게 명하여 가라사대 동산 각종 나무의 실과는 네가 임의로 먹되 선악을 알게하는 나무의 실과는 먹지 말라 네가 먹는 날에는 정녕 죽으리라 하시니라"(창 2:15-17).

하나님이 선악과를 먹는 날에는 죽는다고 했습니다. 그런데 인간이 하나님의 말을 듣지 않았습니다.

창세기 3장 6-7절을 읽어봅시다.

"여자가 그 나무를 본즉 먹음직도 하고 보암직도 하고 지혜롭게 할만큼 탐스럽기도 한 나무인지라 여자가 그 실과를 따먹고 자기와 함께한 남편에게도 주매 그도 먹은지라 이에 그들의 눈이 밝아 자기들의 몸이 벗은 줄을 알고 무화과나무 잎을 엮어 치마를 하였더라"(창 3:6-7).

인간은 선악과를 먹음으로 죄를 지었습니다. 선악과를 먹기 전에는 죄가 없었습니다. 창세기 2장까지 죄가 없었습니다. 3장부터 죄가 생겼는데, 선악과 때문에 생긴 겁니다. 선악과는 그냥 나무 열매가 아닙니다.

선악과가 뭡니까? 옛날에 어떤 사람은 선악과를 사과라고 했습니다. 어떤 사람은 감이라고 했고, 어떤 사람은 귤이라고 했습니다. 성경에는 선악을 알게 하는 나무라고 했습니다. 그런데 선악과가 사과인지 감인지 귤인지가 중요한 것이 아닙니다. 선악과의 의미가 중요합니다.

여기서 한 가지 중요한 것은 선악과를 따먹기 전에는 죄가 없었다는 사실입니다. 선악과를 따먹은 후부터 죄가 생겼다는 겁니다. 선악과를 따먹고 죄가 들어오면서 인간들에게 필요하게 된 것은 바로 예수님의 십자가입니다. 인간은 죄 때문에 죽을 수밖에 없었습니다. 그래서 예수님의 십자가가 필요해진 겁니다. 예수님의 십자가 때문에 우리는 구원을 받고, 새 생명을 얻는 겁니다.

독립된 뜻, 의지, 견해

인간이 선악과를 따먹기 전에 모든 인간 상태가 하나님의 뜻밖에 없었습니다. 뜻이 하나밖에 없었습니다. 하나님의 뜻 하나만 있었단 말입니다.

선악과 따먹고 난 뒤에 인간에게 인간의 뜻, 마귀의 뜻이 생겼습니다. 뜻이 세 가지로 갈라져 버렸습니다. 선악과를 따먹기 전에는 하나님의 뜻만 있었는데, 선악과를 먹고는 세 개의 뜻으로 늘어난 겁니다.

그런데 인간의 뜻이 점점 늘어납니다. 이 말이 무슨 말이냐면, 인간 100명이 모이면 뜻이 100개로 늘어난다는 말입니다. 인간의 뜻은 사람마다 다 다릅니다. 사람마다 자신의 뜻이 있다는 겁니다. 그러니까 선악과를 따먹고 나서 인간에게 제일 골치 아픈 일이 바로 독립된 뜻이 생겼다는 겁니다. 그리고 의지, 견해도 마찬가지로 사람마다 다 다릅니다.

1,000명이 모이면 1,000명이 다 다릅니다. 한 엄마의 뱃속에서 나온 형제간에도 뜻이 다릅니다. 쌍둥이는 어떻습니까? 쌍둥이도 다 다릅니다. 뜻이 같은 사람은 하나도 없습니다. 선악과를 먹고 못 고칠 병이 생겼는데, 그게 바로 자아의 뜻입니다.

선악과를 먹음으로 인간은 원죄를 가지고 태어납니다. 인간은 자기의 뜻과 연합되어서 태어납니다. 그래서 자기의 뜻이 절대적인 줄 압니다. 자기 뜻만 맞는 줄 압니다.

제가 살고 있는 사택 밑에 유치원생이 살고 있습니다. 제 아이들을 키울 때는 바쁘고 정신이 없어서 어떻게 키웠는지 잘 관찰을 못했습니다. 그런데 이 유치원생이 저희 집에도 놀러오고 커가는 걸 보는 재미가 있습니다. 유치원생이 철이 들었겠습니까? 아무 것도 모르잖습니까? 그런데 이 아이가 태어나고 기어 다닐 때부터 봤는데, 인간은 완전히 자기의 뜻과 함께 뭉쳐서 태어났다는 걸 알 수 있습니다. 이 아이가 아기일 때도 자기 뜻대로 했습니다. 누가 가르쳐주지 않았는데도 자기 뜻을 그대로 표출합니다.

인간의 뜻 vs 하나님의 뜻

생수에다 잉크를 부으면 곧바로 잉크와 물이 섞이는 것처럼 인간은 자기의 뜻과 구분이 되지 않을 만큼 사탄과 연합이 되어서 태어납니다. 그래서 자기의 뜻을 절대화시킵니다. 다른 사람의 뜻은 소용이 없습니다. 자기 뜻 속에 파묻혀 삽니다. 선악과를 따 먹고 생긴 자아의 뜻 때문입니다.

인간은 자기 뜻이 틀릴 수 있다는 것을 인정하지 않습니다. 무조건 자기 뜻이 절대적입니다. 인간이면 누구든지 자기 뜻대로 하려고 합니다. 이 모든 것은 원죄 때문입니다.

하지만 예수 그리스도를 믿고 예수님을 영접하여 우리 안에 들어오면, 성령으로 거듭나 생수의 강이 흘러 하나님의 뜻이 함께 들어옵니다. 그리고 하나님의 뜻이 내 안에 있는 자아의 뜻과 충돌이 일어납니다. 충돌이 일어나는 것을 보고 그때서야 최초로 사람은 '아하 내 뜻이 다 맞는 것이 아니구나!' 하는 것을 알게 됩니다.

자신의 뜻이 다 맞지 않는다는 것을 아는 것이 교회에 나와서 예수를 믿고 구원을 받은 자들의 축복입니다. 성령으로 거듭나서 예수님이 내 속에 들어온 자만이 알 수 있는 축복입니다. 예수를 믿기 전에는 무조건 자기 뜻이 절대적이라고 생각합니다. 그 누구도 예외가 없습니다. 자기가 왕이라고 생각합니다. 어른이고 스승이고 상관없습니다. 목사님도 틀렸다고 생각합니다. 자기의 뜻이 제일이라고 생각합니다. 이게 타락한 인간의 특징입니다.

그런데 예수님은 인간들과는 다르십니다. 예수님이 이 세상에 오셔서 십자가를 지시는 과정을 보면, 잘 알 수 있습니다. 예수님은 이 세상에 오셔서 33년을 사십니다. 십자가를 지시기 전에 겟세마네 동산에서 기도하십니다. 그때를 살펴보면, 예수님은 자기의 뜻대로 살지 않았다는 것을 알 수 있습니다.

마태복음 26장 36-46절을 읽어 봅시다.

"이에 예수께서 제자들과 함께 겟세마네라 하는 곳에 이르러 제자들에게 이르시되 내가 저기 가서 기도할 동안에 너희는 여기 앉아 있으라 하시고 베드로와 세베대의 두 아들을 데리고 가실쌔 고민하고 슬퍼하사 이에 말씀하시되 내 마음이 심히 고민하여 죽게 되었으니 너희는 여기 머물러 나와 함께 깨어 있으라 하시고 조금 나아가사 얼굴을 땅에 대시고 엎드려 기도하여 가라사대 내 아버지여 만일 할만

하시거든 이 잔을 내게서 지나가게 하옵소서 그러나 나의 원대로 마
옵시고 아버지의 원대로 하옵소서 하시고 제자들에게 오사 그 자는
것을 보시고 베드로에게 말씀하시되 너희가 나와 함께 한 시 동안도
이렇게 깨어 있을 수 없더냐 시험에 들지 않게 깨어 있어 기도하라 마
음에는 원이로되 육신이 약하도다 하시고 다시 두번째 나아가 기도하
여 가라사대 내 아버지여 만일 내가 마시지 않고는 이 잔이 내게서 지
나갈 수 없거든 아버지의 원대로 되기를 원하나이다 하시고 다시 오
사 보신즉 저희가 자니 이는 저희 눈이 피곤함일러라 또 저희를 두시
고 나아가 세번째 동일한 말씀으로 기도하신 후 이에 제자들에게 오
사 이르시되 이제는 자고 쉬라 보라 때가 가까왔으니 인자가 죄인의
손에 팔리우느니라 일어나라 함께 가자 보라 나를 파는 자가 가까이
왔느니라"(마 26:36-46).

예수님이 겟세마네 동산으로 제자들을 데리고 기도하러 가십니
다. 제자들 중에 베드로와 세베대의 두 아들인 야고보와 요한을
따로 데리고 더 깊이 올라가서 기도하십니다. 예수님은 그렇게
하나님께 세 번을 기도합니다. 그 기도의 내용을 보면 인간적인
자기의 견해가 보입니다.

"내 아버지여 만일 할 만하시거든 이 잔을 내게서 지나가게 하
옵소서."

예수님은 완전한 인간이시기 때문에 자기의 견해를 내세웁니
다. 할 만 하시거든 십자가에서 죽는 것은 안 하고 싶다는 겁니

다. 십자가를 지는 것은 좀 피하고 싶다는 인간적인 자신의 뜻을 이야기한 겁니다. 예수님이 십자가를 안 지려고 했던 것은 단지 육체적 죽음이 겁나서 그런 것이 아닙니다. 예수님은 죽음 뒤를 생각하셨습니다.

"지옥 하강설"이 있습니다. 예수님이 죽은 후에 사람이 가는 지옥에 내려갔습니다. 음부에 내려갔단 말입니다. 노아 홍수 때 하나님을 믿으라고 할 때 안 믿었던 사람이 갇혀 있는 옥에 갇힌 영들에게 예수님이 내려갔다고 베드로가 말했습니다.

베드로전서 3장 18-22절을 읽어봅시다.

"그리스도께서도 한번 죄를 위하여 죽으사 의인으로서 불의한 자를 대신하셨으니 이는 우리를 하나님 앞으로 인도하려 하심이라 육체로는 죽임을 당하시고 영으로는 살리심을 받으셨으니 저가 또한 영으로 옥에 있는 영들에게 전파하시니라 그들은 전에 노아의 날 방주 예비할 동안 하나님이 오래 참고 기다리실 때에 순종치 아니하던 자들이라 방주에서 물로 말미암아 구원을 얻은 자가 몇명 뿐이니 겨우 여덟 명이라 물은 예수 그리스도의 부활하심으로 말미암아 이제 너희를 구원하는 표니 곧 세례라 육체의 더러운 것을 제하여 버림이 아니요 오직 선한 양심이 하나님을 향하여 찾아가는 것이라 저는 하늘에 오르사 하나님 우편에 계시니 천사들과 권세들과 능력들이 저에게 순복하느니라"(벧전 3:18-22).

예수님은 그것이 싫은 겁니다. 이걸 좀 더 설명을 쉽게 말씀드리면, 예수님이 십자가에 안 죽으려고 했던 것은 주님의 육체적 고통 때문이 아닙니다. 예수님이 죽은 뒤에 주님의 영혼이 지옥에 내려가서 마귀들한테 희롱을 당해야 되고, 마귀가 가는 지옥불에 예수님이 내려가야 된다는 것 때문입니다.

모든 영계의 세계를 만드신 예수님이 그것을 훤하게 다 알고 있기 때문에 하나님 앞에 예수님이 세 번이나 겟세마네 동산에 기도하신 겁니다.

"아버지여. 아버지여. 이 잔을 내게서 옮겨주세요. 나 십자가 안 지면 안 되겠습니까?"

그러니까 하나님이 안 된다고 하신 겁니다.

"네가 십자가를 안 지면 구약성경이 다 무너져 버려. 구약성경에 예언돼 있잖아."

예수님은 십자가에서 죽는다고 성경에 기록되어 있는데, 이게 다 틀려버리면 어떻게 됩니까? 그리고 예수님이 안 죽으면 무슨 일이 생깁니까? 우리의 죄를 용서받을 수 없습니다. 여러분과 제가 구원받을 수 없습니다.

그래서 하나님은 우리의 모든 죄를 용서하시기 위하여 예수님의 뜻은 안 된다고 하신 겁니다. 그냥 용서하면 주님의 공의가 무너집니다. 죄 없는 예수님이 십자가에서 여러분과 제가 당할 모든 것을 대신 심판받음으로 우리의 죄가 용서받도록 하셨습니다.

예수님은 하나님께 기도한 것이 세 번이나 된다고 했습니다. 그만큼 예수님이 간절했다는 겁니다. 하지만 예수님은 자신의 뜻으로 기도를 끝내지 않았습니다. 자기의 뜻대로 고집을 부리지 않았습니다. 인간 예수의 뜻을 깹니다. 인간의 뜻, 예수의 뜻이 아니라 아버지 하나님의 뜻을 받아들입니다.

"그러나 나의 원대로 마옵시고 아버지의 원대로 하옵소서."

자신의 뜻을 이야기하지만, '나의 원대로 마옵시고 아버지의 원대로 하옵소서' 하고 기도를 마무리합니다. 아버지의 뜻대로 되기를 원하는 예수님의 마음이 바로 구원받은 우리의 마음이기도 합니다.

예수님은 골고다로 향합니다. 골고다에서 머리에 가시면류관을 쓰시고, 옆구리에 창으로 찔리시고 십자가에서 죽으신 예수님은 육체의 고난과 죽음보다 더 힘든 것이 있었습니다. 그것은 바로 뜻의 죽음입니다. 자기의 뜻을 죽이는 것이 더 힘듭니다.

그래서 예수님이 겟세마네 동산에서 자기의 뜻을 하나님 앞으로 내어 던질 때 얼마나 애를 썼냐 하면, 땀방울이 핏방울이 되도록 기도하십니다.

누가복음 22장 39-46절을 읽어봅시다.

"예수께서 나가사 습관을 좇아 감람산에 가시매 제자들도 좇았더니 그곳에 이르러 저희에게 이르시되 시험에 들지 않기를 기도하라 하시고 저희를 떠나 돌 던질만큼 가서 무릎을 꿇고 기도하여 가라사대 아버지여 만일 아버지의 뜻이어든 이 잔을 내게서 옮기시옵소서 그러나 내 원대로 마옵시고 아버지의 원대로 되기를 원하나이다 하시니 사자가 하늘로부터 예수께 나타나 힘을 돕더라 예수께서 힘쓰고 애써 더욱 간절히 기도하시니 땀이 땅에 떨어지는 피방울 같이 되더라 기도 후에 일어나 제자들에게 가서 슬픔을 인하여 잠든 것을 보시고 이르시되 어찌하여 자느냐 시험에 들지 않게 일어나 기도하라 하시니라"(눅 22:39-46).

44절에서 땀이 땅에 떨어지는 피방울 같이 될 만큼 예수님은 힘쓰고 애써 더욱 간절히 기도하셨습니다. 자신의 뜻을 꺼내고 하나님께 던지고 하나님의 뜻대로 이루기 위해서 그렇게 한 겁니다. 이건 정말 힘든 일입니다.

여러분, 이 세상에 사람이 창조된 이후로 가장 애를 쓰신 분이 예수님이십니다. 예수님은 땀방울이 변하여 핏방울이 되도록 애를 썼다고 성경에 쓰여 있습니다. 여러분, 예수님의 애씀처럼 우리도 자아의 뜻을 던지고 하나님의 뜻대로 이루어지길 기도하기를 바랍니다. 이것이 바로 십자가입니다. 그러니까 예수님이 십자가에 달리기 위해서 이 세상에 주님이 오셔서 33년을 사는 삶도 십자가의 삶입니다.

인간이 자신의 뜻을 내려놓기 힘든 것은 그것이 생명이라고 생각하기 때문입니다. 육체의 생명이 있듯이 정신적 생명이 있는데, 그것이 바로 자신의 뜻입니다. 예수님을 믿기 전에는 자신의 뜻을 내려놓으면 자신의 존재감이 없어져 버리는 겁니다. 박탈감과 공허함을 느끼게 됩니다.

'나는 아무 것도 아닌 존재이구나!'

하지만 예수를 믿고 성령으로 거듭나서 내 안에서 하나님의 뜻과 충돌이 일어나 나의 뜻이 결국 사망인 것을 알게 됩니다. 그리고 하나님의 뜻이 생명이라는 것도 알게 됩니다. 절대적이라고 생각했던 자신의 뜻이 생명이라고 생각했는데, 사탄에게 속은 겁니다. 이때 자신의 뜻을 내려놓고 하나님의 뜻을 심으면 예수님을 믿기 이전에 자기의 뜻을 내려놓을 때 느꼈던 박탈감과 공허함을 느끼지 않습니다. 왜냐하면, 생명이신 하나님의 뜻이 있기 때문입니다.

예수를 믿고 구원을 받으면 이렇게 뜻이 바뀝니다. 자신의 뜻에서 하나님 아버지의 뜻으로 말입니다. 죽음에서 생명으로 바뀝니다.

죽음에 넘기움

사도 바울이 고린도후서 4장 11절에 말했던 것도 이걸 말하는 겁니다.

"우리 산 자가 항상 예수를 위하여 죽음에 넘기움은 예수의 생명이 또한 우리 죽을 육체에 나타나게 하려 함이니라"(고후 4:11).

오늘부터 우리 산 자가 항상 예수를 위하여 자신의 뜻을 죽음으로 넘기라는 겁니다. 하나님 앞에 자신의 뜻을 주장하지 않겠다는 겁니다.

타락하기 전에는 에덴동산에 하나님의 뜻, 하나밖에 없었습니다. 그런데 인간이 선악과를 따먹고 뜻이 세 개가 됐습니다. 그리고 지금 지구상에 약 80억의 사람들이 살고 있으니까, 80억의 뜻이 있습니다. 예수님이 자신의 뜻을 내세우고 사는 사람들을 구원하기 위해서 십자가를 통하여 시범을 보이십니다. 바로 자신의 뜻을 하나님께 돌려드린 겁니다.

"내 뜻대로 마옵시고, 아버지의 뜻대로 되기를 원합니다."

내 뜻을 아버지 뜻으로 옮기는 것이 진정한 십자가입니다. 땀방울이 변하여 핏방울이 되는 것 같이 힘든 겁니다. 이만큼 사람이 자기 뜻을 포기하는 것이 쉽지 않은 겁니다. 어려운 겁니다. 하지만 그것이 생명입니다. 그래야 그날부터 그 사람 속에 강이 흐른단 말입니다.

여러분의 뜻을 내려놓고, 아버지의 뜻을 여러분 속에 모시기를 바랍니다. 내 뜻을 토하여 내는 것이 힘들지라도 이것 외에는 살 길이 없습니다. 인간이 살 길은 십자가 밖에 없습니다. 예수님의 십자가의 길을 가야 되는 겁니다. 아멘.

이것이 진정한 십자가의 의미이고, 십자가의 원천입니다.

기도

"하나님, 예수님께서 간절히 기도하셨던 것처럼 내 땀방울이 핏방울이 되도록 기도합니다. 예수님이 자신의 뜻을 반납하고 하나님의 뜻대로 되기를 원했던 것처럼 나의 삶에도 하나님의 뜻이 이루어지기를 원하옵나이다. 겟세마네 동산에서의 자아의 반납이 나의 삶에서도 이루어지길 원하옵나이다. 예수 그리스도의 이름으로 기도하옵나이다. 아멘."

04

선악과 반납

창세기 2:1-17

¹천지와 만물이 다 이루니라 ²하나님의 지으시던 일이 일곱째 날이 이를 때에 마치니 그 지으시던 일이 다하므로 일곱째 날에 안식하시니라 ³하나님이 일곱째 날을 복 주사 거룩하게 하셨으니 이는 하나님이 그 창조하시며 만드시던 모든 일을 마치시고 이 날에 안식하셨음이더라 ⁴여호와 하나님이 천지를 창조하신 때에 천지의 창조된 대략이 이러하니라 ⁵여호와 하나님이 땅에 비를 내리지 아니하셨고 경작할 사람도 없었으므로 들에는 초목이 아직 없었고 밭에는 채소가 나지 아니하였으며 ⁶안개만 땅에서 올라와 온 지면을 적셨더라 ⁷여호와 하나님이 흙으로 사람을 지으시고 생기를 그 코에 불어 넣으시니 사람이 생령이 된지라 ⁸여호와 하나님이 동방의 에덴에 동산을 창설하시고 그 지으신 사람을 거기 두시고 ⁹여호와 하나님이 그 땅에서 보기에 아름답고 먹기에 좋은 나무가 나게 하시니 동산 가운데에는 생명나무와 선악을 알게하는 나무도 있더라 ¹⁰강이 에덴에서 발원하여 동산을 적시

고 거기서부터 갈라져 네 근원이 되었으니 ¹¹첫째의 이름은 비손이라 금이 있는 하윌라 온 땅에 둘렸으며 ¹²그 땅의 금은 정금이요 그곳에는 베델리엄과 호마노도 있으며 ¹³둘째 강의 이름은 기혼이라 구스 온 땅에 둘렸고 ¹⁴세째 강의 이름은 힛데겔이라 앗수르 동편으로 흐르며 네째 강은 유브라데더라 ¹⁵여호와 하나님이 그 사람을 이끌어 에덴 동산에 두사 그것을 다스리며 지키게 하시고 ¹⁶여호와 하나님이 그 사람에게 명하여 가라사대 동산 각종 나무의 실과는 네가 임의로 먹되 ¹⁷선악을 알게하는 나무의 실과는 먹지 말라 네가 먹는 날에는 정녕 죽으리라 하시니라

에덴동산에 흐르는 네 개의 강처럼 우리 안에 생수의 강이 흘러야 됩니다. 이 강이 곧 성령의 강입니다. 예수를 믿는 사람 속에는 성령의 강이 흘러야 되는데, 성령의 강이 흐르면 모든 만물을 소성시킵니다. 생명을 살리는 강입니다. 가정이 살고, 자녀가 살고, 사업이 살고, 모든 영역이 다 살아납니다. 성령이 사람을 살리는 역할을 하는 겁니다. 여러분 속에 성령의 강이 흘러서, 다 살아나는 일이 있기를 바랍니다. 할렐루야.

성령의 강의 출발점이 어린 양의 보좌입니다. 그리고 어린 양은 예수 그리스도의 죽음을 이야기합니다. 십자가는 그냥 죽음을 상징하는 것이 아닙니다. 예수님의 십자가를 통해 우리의 죄가 사함을 받은 겁니다. 예수님의 십자가를 우리가 바르게 깊이 깨달을 때, 비로소 우리에게 구원이 이루어집니다.

에덴동산을 잃어버린 이유

하나님이 인간에게 주신 에덴동산을 인간이 잃어버린 이유를 아십니까? 그건 바로 선악을 알게 하는 나무의 실과를 따먹었기 때문입니다. 만약 인간이 선악과를 따먹지 않았다면, 아직도 우리는 에덴동산에 거하고 있을 겁니다. 에덴의 축복을 그대로 가지고 있었을 겁니다.

그런데 선악과를 따먹고 그날부터 인간들이 하나님의 축복인 에덴을 잃어버린 겁니다. 그러면 선악과가 뭘까? 선악과를 먹기 전에는 하나님의 뜻, 이것 하나밖에 없었습니다. 그런데 선악과를 따먹고 인간에게 자기의 뜻이 생겼습니다. 그리고 지금 이 세상에는 약 80억 명의 사람들이 있으며, 각각 80억의 뜻을 가지고 있습니다.

선악과를 따먹은 이후에 인간들은 전부 다 자기 마음대로 결정할 수 있는 권한이 생겼습니다. 하나님께서 선악과를 먹지 말라고 하셨는데, 하나님의 견해와 의지를 무시하고 자기 맘대로 할 수 있는 자기의 결정권을 인간이 갖게 되었다는 겁니다. 그리고 인간은 에덴동산을 잃어버렸고, 에덴동산에서 쫓겨났습니다.

에덴동산 중앙에 선악을 알게 하는 나무와 생명나무가 있었습니다. 선악을 알게 하는 나무는 우리가 잘 압니다. 왜냐하면, 한 번 따먹어 봤기 때문에 그 결과가 무엇인지 압니다. 그런데 생명나무는 잘 모릅니다. 안 먹어 봤기 때문에 그 결과를 잘 모릅니다. 하지만 선악과를 알고 있기 때문에 생명나무가 예수님을 나타낸다는 것을 알 수 있습니다.

인간이 선악과를 따먹음으로 하나님의 뜻을 따르지 않고 죄를 범하게 됩니다. 죄를 짓고 그냥 끝나는 것이 아닙니다. 제일 무서운 것은 인간이 독립된 결정권을 가지게 되었다는 겁니다. 내 맘대로 결정하고, 내 마음대로 할 수 있는 독립된 뜻을 사람이 가지게 된 겁니다. 이것이 재앙입니다.

선악과를 먹음과 동시에 독립된 결정권, 의지, 뜻을 갖는 순간 인간은 결국 사탄을 마시게 된 겁니다. 사탄을 마신다는 것은 사탄과 인간이 하나로 연합이 된다는 겁니다. 선악과를 먹고 그 이후 사람들은 태어나면서 독립된 의지를 가지고 사탄과 연합이 되는 겁니다. 이것이 비극입니다. 사람이 아무 것도 안 했는데, 태어나면서부터 사탄과 연합하게 된 겁니다. 철저히 인간은 자기중심의 사람이 됩니다. 여러분은 잘 모르시겠지만, 여러분의 핏속까지 자기중심적인 악함이 담겨 있습니다.

사람이 자기중심적이라는 것을 아주 쉽게 알 수 있는 방법이 있습니다. 바로 사진입니다. 우리가 단체 사진을 찍으면, 여러분은 누굴 제일 먼저 찾으십니까? 대부분 자기 자신부터 찾을 겁니다. 이것은 반사적인 행동으로, 본능적으로 자신을 먼저 찾게 되는 겁니다.

이렇게 사람은 자기를 중심으로 모든 것이 돌아간다고 생각합니다. 자기 생각이 세상에서 가장 옳은 줄 압니다. 이게 선악과를 따먹고 사탄과 연합하여 생긴 자아의 뜻, 생각, 견해 때문입니다. 사탄의 속임수에 빠져서 자신이 어떤 상태인지 모르고 살아갑니다.

자신의 뜻을 반납한 예수님

이것을 분리해 낼 수 있는 분은 예수님밖에 없습니다. 예수님의 십자가밖에 없습니다. 십자가에 대해서 더 깊이 묵상해 보면, 예수님이 십자가를 지기 전에 가셨던 겟세마네 동산에 이미 십자가의 의미가 담겨 있음을 알 수 있습니다. 겟세마네 동산에서 예수님이 하신 일이 바로 하나님께 기도한 겁니다. 거기서 예수님은 자신의 뜻을 내려놓으셨습니다. 그리고 하나님의 뜻을 따르셨습니다.

십자가를 지나가게 해달라는 자신의 뜻을 하나님께 고하지만, 하나님은 안 된다고 했습니다. 왜냐하면, 예수님이 십자가에서 죽지 않으면 구약성경의 예언이 다 틀려버리기 때문입니다. 그러면 우리는 죽음에서 구원을 받지 못합니다. 그래서 예수님이 겟세마네에서 결단을 하는 겁니다. 자신의 뜻이 아니라 아버지의 뜻대로 이루어지길 원하는 겁니다.

"내 아버지여 만일 할만하시거든 이 잔을 내게서 지나가게 하옵소서. 그러나 나의 원대로 마옵시고 아버지의 원대로 하옵소서."

이것이 바로 십자가입니다. 내 뜻, 내 의지, 내 견해를 하나님께 반납하는 것이 진정한 십자가입니다. 인간의 뜻을 하나님께 반납하는 것이 바로 십자가입니다. 이렇게 나의 뜻을 하나님께 반납하는 것이 바로 우리가 먹었던 선악과를 하나님께 반납하는 겁니다. 우리가 선악과를 하나님께 반납할 때 우리 속에서 성령의 생수의 강이 흐르게 됩니다.

만약 여러분 속에 성령의 강이 흐르지 않는다면, 그것은 여러분이 아직 십자가에서 죽지 않았다는 겁니다. 나의 뜻을 안 죽이고, 아버지 하나님의 뜻보다 내 뜻을 앞세우고 있다는 겁니다. 마음이 곤고하고 메말라 버립니다.

여러분 속에 생수의 강이 흘러넘치기 위해서는 예수 그리스도의 십자가가 있어야 합니다. 예수님처럼 우리들도 선악과를 하나님께 반납해야 됩니다.

선악과를 먹은 인간

성경에 보면, 삼위일체 하나님이 선악과를 따먹은 인간들을 어떻게 했는지 살펴봅시다. 창세기 3장을 보면 알 수 있습니다.

먼저, 창세기 3장 1-6절을 읽어봅시다.

"여호와 하나님의 지으신 들짐승 중에 뱀이 가장 간교하더라 뱀이 여자에게 물어 가로되 하나님이 참으로 너희더러 동산 모든 나무의 실과를 먹지 말라 하시더냐 여자가 뱀에게 말하되 동산 나무의 실과를 우리가 먹을 수 있으나 동산 중앙에 있는 나무의 실과는 하나님의 말씀에 너희는 먹지도 말고 만지지도 말라 너희가 죽을까 하노라 하셨느니라 뱀이 여자에게 이르되 너희가 결코 죽지 아니하리라 너희가 그것을 먹는 날에는 너의 눈이 밝아 하나님과 같이 되어 선악을 알 줄 하나님이 아심이니라 여자가 나무를 본즉 먹음직도 하고 보암직도 하고 지혜롭게 할만큼 탐스럽기도 한 나무인지라 여자가 그 실과를 따먹고 자기와 함께한 남편에게도 주매 그도 먹은지라"(창 3:1-6).

그리고 창세기 3장 22절을 읽어봅시다.

"여호와 하나님이 가라사대 보라 이 사람이 선악을 아는 일에 우리 중 하나같이 되었으니 그가 그 손을 들어 생명나무 실과도 따먹고 영생할까 하노라 하시고"(창 3:22).

삼위일체 하나님이 뭐라고 했습니까? 선악을 아는 일에 우리 중 하나같이 되었다고 했습니다. 삼위일체 하나님만이 알아야 될 것을 인간이 알게 됐다는 겁니다. 선악을 알게 하는 나무를 영어로 지식의 나무라고 합니다. 그러니까 하나님만 알아야 될 지식을 인간이 알았다는 겁니다. 비밀을 알았으니 인간을 살려두면 안 되는 겁니다. 알지 말아야 될 것을 알았으니 인간이 죽게 된 겁니다.

하나님만 알아야 될 것을 인간이 그 경지에 침범했습니다. 성부 하나님, 성자 하나님, 성령 하나님이 에덴동산에 있던 인간을 쫓아냈습니다. 그 이유는 인간이 선악과를 먹고 선악을 알게 됐기 때문입니다.

선악과를 먹은 사람, 아담과 하와 이전에 하나님의 말씀을 따르지 않았던 존재가 있었습니다. 바로 루시엘입니다. 루시엘은 천사장이었습니다. 천사장이었던 루시엘이 하나님께 대항하다가 아담과 하와처럼 쫓겨납니다.

하나님은 이 세상이 만들어지기 전에 천사의 나라를 만드셨습니다. 거기에 모든 것을 루시엘한테 줬습니다. 루시엘보다 더 높은 것은 하나님밖에 없었습니다. 그렇게 루시엘에게 모든 것을 허락하셨습니다. 루시엘은 하나님을 빼고 모든 것을 가지고 영원무궁한 축복을 누리면서 살 수 있었습니다. 하나님은 보좌에 대해서는 손대지 말라고 했습니다.

루시엘에게 하나님의 보좌에 대해서는 손대지 말라고 했던 것처럼 인간에게 에덴동산에서 선악을 알게 하는 나무는 건드리지 말라고 했습니다. 먹지 말라고 했습니다. 에덴동산의 모든 것은 허락하는데, 선악과만은 허락할 수 없다는 겁니다. 그리고 그것을 먹는 날에는 정녕 죽는다고 했습니다.

창세기 2장 15-17절을 읽어봅시다.

"여호와 하나님이 그 사람을 이끌어 에덴 동산에 두사 그것을 다스리며 지키게 하시고 여호와 하나님이 그 사람에게 명하여 가라사대 동산 각종 나무의 실과는 네가 임의로 먹되 선악을 알게하는 나무의 실과는 먹지 말라 네가 먹는 날에는 정녕 죽으리라 하시니라"(창 2:15-17).

선악과와 루시엘에게 말한 이 보좌하고 무슨 관계가 있는가? 그건 바로 **"결정권"**입니다. 이 결정권을 풀어서 말하면 바로 **"뜻, 의지, 견해"**입니다. 이것에 대해서는 손대지 말라는 것은 하나님의 뜻, 의지, 견해에 대해서 손대지 말라는 겁니다. 이것에 대해서 인간이 손을 대면 죽는다는 겁니다.

이것은 하나님만 가져야 되는 겁니다. 선악을 선택하는 일은 하나님의 뜻, 의지, 견해입니다. 그런데 그것을 인간이 선악과를 먹음으로 알게 되고, 인간의 뜻, 의지, 견해가 생긴 겁니다. 이것은 독립된 뜻, 독립된 의지, 독립된 견해입니다. 이것을 인간이 가지면 안 됩니다.

루시엘도 하나님의 보좌를 가지려 했습니다. 하나님만 가져야 되는 뜻, 의지, 견해를 루시엘이 침범한 겁니다. 그러다가 한순간 무너져버린 겁니다. 인간도 마찬가지입니다. 하나님이 가져야 되는 뜻, 의지, 견해를 인간이 침범하여 에덴동산에서 쫓겨난 겁니다.

그런데 인간 입장에서 좀 억울합니다.

"왜 삼위일체 하나님만 뜻, 의지, 견해를 가지고 인간은 가지면 안 되느냐?"

이렇게 이야기할 수 있습니다. 인간을 만들어 놓고, 오직 하나님의 뜻 안에 거하라고 하는 건 너무 옹졸하다고 할 수 있습니다.

"하나님은 욕심이 너무 많지 않냐?"

이렇게 우리가 항의를 해볼 수도 있습니다. 그런데 여기에는 문제가 있습니다. 만약에 인간이 선악과를 따먹고, 하나님의 뜻 말고 독립된 자기의 뜻을 따라서 산다고 해봅시다. 이런 일이 일어나면 사탄이 바로 그 사람을 먹어버립니다. 다시 말해서, 인간은 사탄을 방어할 힘이 없습니다. 인간이 하나님으로부터 독립해서 자신의 뜻, 의지, 견해를 가지면, 마귀가 인간을 공격할 때 방어할 힘이 없다는 겁니다. 사탄에게 패한 인간은 모든 것을 사탄에 의해 조종을 당하고 결국 지옥이라는 심판을 받게 됩니다. 그래서 뜻, 의지, 견해는 하나님만 가지고 있어야 합니다.

하나님이 사람에게 뜻, 의지, 견해를 주고 마음대로 해보라고 할 수 있습니다. 하지만, 인간은 사탄을 대항할 힘이 없기 때문에 백 퍼센트 사탄에게 패합니다. 인간의 뜻, 의지, 견해를 내세우는 순간 죽음에 빠지게 됩니다. 그리고 사탄의 뜻, 의지, 견해를 따르는 죄의 종이 됩니다. 그래서 성경에서는 선악과를 따먹은 인간의 뜻과 사탄의 뜻이 하나라고 말하는 겁니다.

선악과 때문에 인간은 에덴동산을 잃었습니다. 선악과 때문에 강을 잃었습니다. 선악과 문제가 해결되면 강이 다시 흐릅니다. 예수의 강, 성령의 강이 다시 흐릅니다. 강이 흐르면 우리는 다 살아납니다. 소성의 강이니까 살아납니다.

예수님이 오셔서 잘못된 인간의 첫 단추를 다시 채우는 겁니다. 하나님으로부터 분리되어 나온 독립된 뜻을 다시 하나님께 반납하는 겁니다. 예수님이 대표적으로 시범을 보이신 겁니다.

"나의 뜻을 접고, 하나님의 뜻대로 되기를 원합니다."
"내 뜻을 내려놓고 아버지의 뜻만 내게 흐르게 하여 주세요."

그런데 이렇게 말하는 게 그리 쉬운 것이 아닙니다. 일단은 인간은 자신의 뜻을 하나님의 뜻이라고 생각합니다. 그리고 "이건 하나님의 뜻이야!" 하고 자신의 뜻과 하나님의 뜻을 분리하지 않습니다. 자신의 뜻을 하나님의 뜻이라고 우깁니다. 인간이 자신의 뜻을 가지고 하나님의 뜻이라고 착각을 합니다.

선악과 반납

"구원은 타락의 역순"입니다. 우리가 하나님께로 나아가는 길은 하나님께서 나온 길의 역순입니다. 인간이 어떻게 하나님 앞에 에덴동산에서 쫓겨났느냐? 선악과 따먹다가 쫓겨났잖습니까? 선악과를 먹음으로 하나님의 뜻과 의지, 견해 외에 인간이 독립된 뜻과 의지, 견해가 생겨났잖습니까? 인간의 뜻, 의지, 견해 때문에 사탄이 인간에게 붙어서 자신의 종으로 삼을 수 있었습니다.

구원의 역순이기 때문에, 뜻과 의지, 견해는 사탄으로부터 오염되어 있습니다. 이것을 분리해 낼 수 있는 유일한 길은 내 뜻을 죽여야 되는 겁니다. 내 뜻을 죽이면 사탄도 물러갑니다. 인간이 먹었던 선악과를 다시 하나님께 반납하면 사탄이 인간에게 자리 잡을 근거점이 없어지는 겁니다. 자신의 뜻을 그대로 두고 "마귀야 물러가라. 사탄아 물러가라" 하고 외쳐도 사탄은 안 물러갑니다. 자신의 뜻인 선악과를 하나님께 반납하면 사탄은 물러갑니다. 그러면 하나님의 뜻, 의지, 견해만 남게 되는 겁니다.

우리가 우리의 뜻을 반납하면, 하나님의 뜻을 보게 됩니다. 우리의 의지를 반납하면, 하나님의 의지를 알게 됩니다. 우리의 견해를 반납하면, 하나님의 견해를 보게 됩니다. 영의 세계에서 하나님과 가까이 했던 다니엘은 환상 중에 하나님의 뜻과 의지와 견해를 봅니다. 자기의 뜻을 반납한 사람은 하나님께 가까이 가고 그분의 뜻을 보게 됩니다.

선악과를 반납할 때 오는 자유함

하나님이 우리를 위해서 독립된 의지 뜻을 가지지 말라고 그런 겁니다. 저도 이 부분을 통과할 때 너무 고통스러웠습니다. 예수님을 믿기로 결심하고 하루 종일 나의 모든 세포를 하나님의 뜻에 두겠다고 결심했습니다.

하나님께 모든 것을 물어보며 하나님의 뜻대로 산다고 했습니다. 밥을 먹는 것, 움직이는 것, 모든 것을 하나님께 한 마디씩 물어가면서 움직이니까, 사람이 자유함이 없어지고 율법적인 사람이 되는 겁니다. 이게 숨이 막혀서 살 수가 있겠습니까? 그래서 잘 안 되는 겁니다. 오전에 잘 되더라도 오후가 되면 개판이 되어버렸습니다. 그래서 그 뒤로는 내 마음대로 행동했습니다. 그러다가 이게 무거운 짐으로 저에게 오는 겁니다. 죄책감 때문에 무너져버리는 겁니다. 몇 달 동안 이렇게 했는데, 하나님이 일부러 놔둔 겁니다. 제가 그렇게 하도록 그냥 두셨습니다.

어느 날 성령이 저를 책망했습니다.

"너는 나의 뜻을 가지고 그렇게 두렵게 율법적으로 나를 섬기고 있는데, 나는 그것을 원하지 않는다. 자유하라. 너의 자유함 속에 내 뜻이 있다."

나의 뜻을 반납하고 내 뜻대로 살지 않고, 오직 하나님의 뜻만 내 속에 흐르게 하면 잘 될 줄 알았는데, 그게 아니었습니다. 하나님이 그때 저한테 가르쳐 준 게 이것입니다. 이것만 하면 나머지는 다 내 뜻 하에 있는 줄 너는 믿으라는 겁니다.

하나님께서 우리에게 반드시 지키라고 하신 것 중 첫째는 **"주일성수"**입니다. 주일성수는 매우 중요합니다. 주일성수를 하는 사람은 비록 작은 부분에서 실수로 하나님의 뜻을 벗어날지라도 그 마음은 하나님의 뜻 안에 있다는 것을 하나님은 알고 계십니다. 반대로 주일성수를 하지 않는 사람은 하나님이 인정하지 않으십니다.

두 번째는 **"십일조"**입니다. 십일조가 얼마나 힘든지 잘 압니다. 예수님이 겟세마네 동산에서 자신의 뜻을 반납하는 것만큼 힘든 것이 십일조입니다. 땀이 변하여 핏방울이 되어야 십일조를 할 수 있게 됩니다. 십일조는 끝까지 사탄이 붙습니다. 하지 말라고 이런 핑계 저런 핑계를 내세웁니다. 십일조를 하기로 결심하더라도 사탄은 온전한 십일조를 방해하며 여러 가지 이유와 핑계를 들게 만듭니다. 하지만 이 모든 것을 이겨내고 십일조를 온전히 드리면, 하나님께서는 그 사람이 하나님의 뜻을 따라 살기를 진심으로 원한다는 것을 인정해주십니다.

세 번째는 **"주의 종의 견해에 순종"**하는 겁니다. 주의 종의 견해 안에 있어야 합니다. 요한복음 15장은 포도나무의 비유입니다. 예수님이 포도나무요, 우리는 가지라고 말씀합니다.

요한복음 15장 1-6절을 읽어봅시다.

"내가 참 포도나무요 내 아버지는 그 농부라 무릇 내게 있어 과실을 맺지 아니하는 가지는 아버지께서 이를 제해 버리시고 무릇 과실을 맺는 가지는 더 과실을 맺게 하려하여 이를 깨끗케 하시느니라 너희는 내가 일러준 말로 이미 깨끗하였으니 내 안에 거하라 나도 너희 안에 거하리라 가지가 포도나무에 붙어 있지 아니하면 절로 과실을 맺을 수 없음 같이 너희도 내 안에 있지 아니하면 그러하리라 나는 포도나무요 너희는 가지니 저가 내 안에, 내가 저 안에 있으면 이 사람은 과실을 많이 맺나니 나를 떠나서는 너희가 아무 것도 할 수 없음이라 사람이 내 안에 거하지 아니하면 가지처럼 밖에 버리워 말라지나니 사람들이 이것을 모아다가 불에 던져 사르느니라"(요 15:1-6).

이 포도나무의 비유는 예수님이 포도나무, 우리는 가지를 말합니다. 그런데 이 비유는 예수님과 우리의 관계에만 그치는 것이 아니라 교회에 있는 목자와 성도와의 관계도 해당되는 겁니다. 주의 종의 견해 안에 있는 것은 어떻게 보면, 굉장히 위험한 말입니다. 하지만 하나님께서 택하신 주의 종의 견해에 있지 아니하면, 우리의 뜻을 하나님께 반납했다고 말하기 어렵습니다. 그만큼 주의 종의 견해 안에 있다는 것이 힘든 일입니다. 주의 종을 하나님께서 택하신 것으로 인정한다면, 주의 종의 견해 안에 있어야 됩니다. 주의 종의 견해에 순종하는 것이 하나님의 뜻, 의지, 견해에 순종하는 겁니다.

이렇게 주일성수, 십일조, 주의 종의 견해 안에 있는 것이 하나님의 뜻, 의지, 견해 안에 있는 겁니다.

여러분, 자신의 뜻을 마치 하나님의 뜻인 것처럼 여기지 마시기 바랍니다. 예수님처럼 솔직하게 자신의 뜻을 밝히고 자신의 마음을 하나님께 아뢰시기를 바랍니다. 그리고 자신의 뜻을 하나님께 반납하고 하나님의 뜻대로 되기를 기도하시기 바랍니다.

기도

"하나님, 생수의 강이 나에게 흐르게 하옵소서. 내 심령에 에덴동산이 회복되어 하나님의 축복이 임하게 하옵소서. 하나님께 우리의 뜻, 의지, 견해를 반납하고 하나님의 뜻, 의지, 견해를 따르게 하옵소서. 그리하여 내 삶에 에덴의 원리가 역사하게 하옵소서. 예수 그리스도의 이름으로 기도하옵나이다. 아멘."

05

성경에 나타난 강의 의미

창세기 2:1-17

¹천지와 만물이 다 이루니라 ²하나님의 지으시던 일이 일곱째 날이 이를 때에 마치니 그 지으시던 일이 다하므로 일곱째 날에 안식하시니라 ³하나님이 일곱째 날을 복 주사 거룩하게 하셨으니 이는 하나님이 그 창조하시며 만드시던 모든 일을 마치시고 이 날에 안식하셨음이더라 ⁴여호와 하나님이 천지를 창조하신 때에 천지의 창조된 대략이 이러하니라 ⁵여호와 하나님이 땅에 비를 내리지 아니하셨고 경작할 사람도 없었으므로 들에는 초목이 아직 없었고 밭에는 채소가 나지 아니하였으며 ⁶안개만 땅에서 올라와 온 지면을 적셨더라 ⁷여호와 하나님이 흙으로 사람을 지으시고 생기를 그 코에 불어 넣으시니 사람이 생령이 된지라 ⁸여호와 하나님이 동방의 에덴에 동산을 창설하시고 그 지으신 사람을 거기 두시고 ⁹여호와 하나님이 그 땅에서 보기에 아름답고 먹기에 좋은 나무가 나게 하시니 동산 가운데에는 생명나무와 선악을 알게하는 나무도 있더라 ¹⁰강이 에덴에서 발원하여 동산을 적시

고 거기서부터 갈라져 네 근원이 되었으니 [11]첫째의 이름은 비손이라 금이 있는 하윌라 온 땅에 둘렸으며 [12]그 땅의 금은 정금이요 그곳에는 베델리엄과 호마노도 있으며 [13]둘째 강의 이름은 기혼이라 구스 온 땅에 둘렸고 [14]세째 강의 이름은 힛데겔이라 앗수르 동편으로 흐르며 네째 강은 유브라데더라 [15]여호와 하나님이 그 사람을 이끌어 에덴 동산에 두사 그것을 다스리며 지키게 하시고 [16]여호와 하나님이 그 사람에게 명하여 가라사대 동산 각종 나무의 실과는 네가 임의로 먹되 [17]선악을 알게하는 나무의 실과는 먹지 말라 네가 먹는 날에는 정녕 죽으리라 하시니라

도시를 이루고, 국가를 이룬 인류의 문명이 발생한 곳에는 전부 강이 존재합니다. 세계에서 가장 먼저 문명이 발생한 곳이 있는데, 그곳은 바로 이집트에 있는 나일 강 유역, 메소포타미아의 티그리스 강과 유프라테스 강 유역, 인도의 인더스 강과 갠지즈 강 유역, 그리고 중국의 황하 유역입니다. 이곳을 세계 4대 문명의 발상지라고 이야기합니다.

큰 강가에서 문명이 먼저 발생한 이유는, 인간에게 꼭 필요한 식수와 물로 인해 기름진 땅에서 농작물을 얻을 수 있었기 때문입니다. 4대 문명의 발상지뿐만 아니라 지금 도시를 이룬 곳을 보면 모두 크고 작은 강이 흐르고 있습니다. 우리나라도 서울에 큰 강인 한강이 흐르고 있습니다. 이렇게 육신의 세계에는 물이 중요합니다. 이처럼 영의 세계도 마찬가지입니다. 오히려 영의 세계는

물이 더 중요합니다. 성령의 강이 여러분 속에 흘러야 됩니다.

에덴동산은 하나님께서 인간을 창조하신 후에 제일 먼저 주신 축복입니다. 에덴동산에는 네 개의 큰 강이 흘렀다고 성경이 말씀하고 있습니다. 에덴동산에 흐른 강은 **"비손, 기혼, 힛데겔, 유브라데"**입니다. 에덴동산에 흘렀던 이 강은 무슨 뜻일까요?

생명의 강

예수님은 요한복음 7장 37절에서 에덴동산에 흘렀던 비손 강, 생명의 강을 말씀하셨습니다.

"명절 끝날 곧 큰 날에 예수께서 서서 외쳐 가라사대 누구든지 목마르거든 내게로 와서 마시라 나를 믿는 자는 성경에 이름과 같이 그 배에서 생수의 강이 흘러나리라 하시니"(요 7:37).

예수님을 믿는 자는 성경에 이름과 같이 생수의 강이 흘러나와야 합니다. 그런데 예수님이 이야기한 생수의 강은 생명의 강이며 영적인 강을 의미합니다.

요한복음 7장 39절을 읽어 봅시다.

"이는 그를 믿는 자의 받을 성령의 강을 가리켜 말씀하신 것이라 (예수께서 아직 영광을 받지 못하신고로 성령이 아직 저희에게 계시지 아니하시더라)"(요 7:39).

생수의 강이 바로 성령의 강을 말하는 겁니다. 그러니까 성령의 강이 우리의 속에 흐른다는 겁니다. 예수님을 믿는 사람 속에는 성령의 강이 흐르는데, 이 성령의 강이 흐르면 우리에게 생명이 흐른다는 겁니다.

소성의 강

에스겔 47장을 보면, 에덴동산에 흐른 기혼 강, 소성의 강이라고 할 수 있습니다.

에스겔 47장 1-12절을 읽어봅시다.

"그가 나를 데리고 전 문에 이르시니 전의 전면이 동을 향하였는데 그 문지방 밑에서 물이 나와서 동으로 흐르다가 전 우편 제단 남편으로 흘러 내리더라 그가 또 나를 데리고 북문으로 나가서 바깥 길로 말미암아 꺾어 동향한 바깥 문에 이르시기로 본즉 물이 우편에서 스미어 나오더라 그 사람이 손에 줄을 잡고 동으로 나아가며 일천척을 척량한 후에 나로 물을 건너게 하시니 우리 발목에 오르더니 다시 일천척을 척량하고 나로 물을 건너게 하시니 우리 무릎에 오르고 다시 일천척을 척량하고 나를 물로 건너게 하시니 물이 허리에 오르고 다시 일천척을 척량하시니 물이 내가 건너지 못할 강이 된지라 그 물이 창일하여 헤엄할 물이요 사람이 능히 건너지 못할 강이더라 그가 내게 이르시되 인자야 내가 이것을 보았느냐 하시고 나를 인도하여 강 가로 돌아가게 하시기로 내가 돌아간즉 강 좌우편에 나무가 심히 많더라 그가 내게 이르시되 이 물이 동방으로 향하여 흘러 아라바로 내려가서 바다에 이르니 이 흘러 내리는 물로 바다의 물이 소성함을 얻을찌라 이 강물이 이르는 곳마다 번성하는 모든 생물이 살고 또 고기가 심히 많으리니 이 물이 흘러 들어 가므로 바닷물이 소성함을 얻겠고 이 강이 이르는 각처에 모든 것이 살 것이며 또 이 강 가에 어부가 설 것이니 엔게디에서부터 에네글라임까지 그물 치는 곳이 될 것이라 그 고기가 각기 종류를 따라 큰 바다의 고기 같이 심히 많으려니와 그 진펄과 개펄은 소성되지 못하고 소금 땅이 될 것이며 강 좌우 가에는 각종 먹을 실과나무가 자라서 그 잎이 시들지 아니하며 실과가 끊치지 아니하고 달마다 새 실과를 맺으리니 그 물이 성소로 말미암아 나옴이라 그 실과는 먹을 만하고 그 잎사귀는 약 재료가 되리라"(겔 47:1-12).

에스겔서에 나오는 이 강이 실제 강입니까? 아닙니다. 영의 강입니다. 지금 에스겔은 환상을 보는 중입니다. 환상 중에 이 강이 계속 역사합니다. 이 강은 곧 예수님이 말씀하신 그대로 성경에 이름같이, 예수를 믿는 자에게 생수의 강이 흘러나는 겁니다. 성령의 강을 말하는 겁니다.

에스겔은 이 성령의 강의 특징으로 모든 만물을 소성케 한다고 했습니다. 그니까 성령의 강이 흐르면, 모든 것을 다 살린다는 겁니다. 나의 영을 살리고, 나의 심령을 살린다는 겁니다. 이 성령의 강이 흘러 들어가는 사람은 모든 것을 살린다는 겁니다. 가정을 살리고, 우리의 직장을 살리고, 사업을 살리고, 자녀를 살립니다.

인간에게 모든 생명의 원천이 될 수 있도록, 이 강이 흐르는 곳마다 사람을 소성시키는 능력이 있다고 그랬습니다. 오늘 여러분을 살리는 성령의 강이 여러분 뱃속에서 흘러나기를 바랍니다. 이 강을 체험을 해야 되는 겁니다.

교회에 오면 예수님이 말씀하신 것이 그대로 체험이 되어야 합니다.

"나를 믿는 자는 그 뱃속에서 생수의 강이 흘러나리라."

이 말씀이 우리 삶에서 그대로 체험이 되어야 합니다.

"생수의 강이 흘러나리라."

이 강이 흘러야 된다고 합니다. 그런데 이 강의 출발점은 어디입니까?

요한계시록에 22장에 그 출발점이 어린 양의 보좌라 했습니다.

"또 저가 수정같이 맑은 생명수의 강을 내게 보이니 하나님과 및 어린 양의 보좌로부터 나서"(계 22:1).

어린 양의 보좌로부터 시작된 생명수의 강이라고 했습니다. 어린 양은 예수님을 부르는 단어 중 하나입니다. 그리고 어린 양은 예수님의 십자가의 죽음을 의미합니다. 요한복음 7장 39절에도 이는 나를 믿는 자에 받을 성령의 강을 말씀하지만, 아직 예수님이 십자가에 죽지 아니하여 성령이 아직 저희에게 계시지 아니했다고 했습니다.

예수님이 십자가에 죽어서 부활 승천해야 성령의 강이 흐른다는 겁니다. 그러니까 어린 양의 보좌로부터 이 강이 나온다는 것은 예수님의 죽음과 깊은 관계가 있다는 겁니다. 이것은 여러분과 저도 마찬가지입니다. 우리 속에 생수의 성령의 강이 흘러나려면 십자가의 제단이 우리 가슴에 제대로 이루어져야 합니다.

십자가의 깊이는 한이 없습니다. 십자가가 뭡니까? 십자가는 나무 막대기 두 개를 십자모양으로 만든 것이 아닙니다. 십자가는 예수님이 나의 죄를 위해서 죽었다는 아주 기초로부터 시작합니다. 이건 구원의 문제입니다. 십자가가 중요합니다.

치료의 강

요단강에서 일어난 나아만 장군의 이야기입니다. 여기에 나온 요단강은 힛데겔 강, 치료의 강입니다.

열왕기하 5장 1-14절을 읽어봅시다.

"아람 왕의 군대장관 나아만은 그 주인 앞에서 크고 존귀한 자니 이는 여호와께서 전에 저로 아람을 구원하게 하셨음이라 저는 큰 용사나 문둥병자더라 전에 아람 사람이 떼를 지어 나가서 이스라엘 땅에서 작은 계집아이 하나를 사로잡으매 저가 나아만의 아내에게 수종들더니 그 주모에게 이르되 우리 주인이 사마리아에 계신 선지자 앞에 계셨으면 좋겠나이다 저가 그 문둥병을 고치리이다 나아만이 들어가서 그 주인에게 고하여 가로되 이스라엘 땅에서 온 계집아이의 말이 이러이러하더이다 아람 왕이 가로되 갈찌어다 이제 내가 이스라엘 왕에게 글을 보내리라 나아만이 곧 떠날쌔 은 십 달란트와 금 육천개와 의복 열벌을 가지고 가서 이스라엘 왕에게 그 글을 전하니 일렀으되 내가 내 신하 나아만을 당신에게 보내오니 이 글이 당신에게 이르거든 당신은 그 문둥병을 고쳐주소서 하였더라 이스라엘 왕이 그 글을 읽고 자기 옷을 찢으며 가로되 내가 어찌 하나님이관대 능히 사람을 죽이며 살릴 수 있으랴 저가 어찌하여 사람을 내게 보내어 그 문둥병을 고치라 하느냐 너희는 깊이 생각하고 저 왕이 틈을 타서 나로 더불어 시비하려 함인줄 알라 하니라 하나님의 사람 엘리사가 이스라엘 왕이 자기 옷을 찢었다 함을 듣고 왕에게 보내어 가로되 왕이 어찌하여 옷을 찢었나이까 그 사람을 내게로 오게 하소서 저가 이스라엘 중에 선지자가 있는 줄을 알리이다 나아만이 이에 말들과 병거들을 거느리고 이르러 엘리사의 집 문에 서니 엘리사가 사자를 저에게 보내어 가로되 너는 가서 요단강에 몸을 일곱번 씻으라 네 살이 여전하여 깨끗하리라 나아만이 노하여 물러가며 가로되 내 생각에는 저가 내게로 나아와 서서 그 하나님 여호와의 이름을 부르고 당처 위에 손을 흔들어 문둥병을 고칠까 하였도다 다메섹강 아마나와 바르발은 이스라엘 모든 강물보다 낫지 아니하냐 내가 거기서 몸을 씻으면 깨끗하게 되지 아니하랴 하고 몸을 돌이켜 분한 모양으로 떠나니 그 종들이 나아와서 말하여 가로되 내 아버지여 선지자가 당신을 명하여 큰 일을 행하라 하였더면 행치 아니 하였으리이까 하물며 당신에게 이르기를 씻어 깨끗하게 하라 함이리이까 나아만이 이에 내려가서 하나님의 사람의 말씀대로 요단강에 일곱번 몸을 잠그니 그 살이 여전하여 어린아이의 살 같아서 깨끗하게 되었더라"(왕하 5:1-14).

아람 군대 장관 나아만은 그 당시에 권세의 2인자입니다. 영광이 있고 아주 대단한 자인데, 문둥병에 걸렸습니다. 나아만의 문둥병을 고칠 자가 없었습니다. 그래서 아람 장군 나아만이 문둥병을 고치려고 이스라엘의 엘리사 선지자를 찾아갔습니다. 엘리사 선지자가 하나님의 영으로 문둥병자인 나아만의 모습을 봅니다. 거드름을 떨고 교만한 모습이 보입니다. 그래서 엘리사가 옆에서 심부름하는 게하시에게 "도단성에서 보니 아람 장군 군대 장관이 지금 문둥병 고치려고 나를 찾아오고 있다"라고 말했습니다.

"나아만의 저 병은 내가 안수해서 나을 병이 아니다. 왜냐하면, 교만 때문에 생긴 거다. 그러니까 날 만나러 오는데 나는 안 만난다. 내가 말하는 것을 전하기만 해라."

그렇게 게하시를 나아만 장군에게 보냅니다.

"나아만 장군이시죠? 우리 선생님 엘리사가 말씀하셨는데, 엘리사 선지자님을 만날 필요가 없답니다. 그 대신 문둥병이 낫기를 바란다면 요단강에 들어가 일곱 번 씻으면 된다고 합니다."

나아만 장군이 이 말을 듣고 기가 막힌 겁니다. 그래도 당대에 최고의 권력자인데, 엘리사 선지자는 얼굴도 안 보이고 어이없는 말만 한 겁니다.

'초막 같은 조만한 이스라엘 나라에 무슨 선지자라는 놈이 만나주지 않는다고!'
'와서 내 몸에 손을 대고 기도를 해주는 게 아니라 저 더러운 요단강에 들어가라고!'
'그것도 일곱 번이나 몸을 씻으라고!'

나아만 장군이 생각하기에 이건 정말 화가 날만한 일이었습니다. 그래서 자기 나라에 돌아가려고 모든 행군을 돌렸습니다. 아람의 왕에게까지 허락을 받고 온 일인데, 왕에게 고하여 이스라엘을 없애버려야겠다는 생각을 했는지도 모릅니다. 자신뿐만 아니라 아람을 모욕한 것과 같았습니다.

그런데 옆에 있던 신하들이 나아만에게 이야기합니다.

"나아만 장군님, 아니 평생 문둥병으로 살겠습니까?"

나아만 장군이 화가 났는데, 옆에서 이런 말을 하다니 화를 더 나게 하는 것 같았습니다. 하지만 이런 충신들이 어디 있습니까? 옆에 있는 사람이 이렇게 중요합니다.

"아니지. 그런데 엘리사라는 그 양반이 나한테 와서 하나님 여호와의 이름을 부르고 당처 위에 손을 흔들어 문둥병을 고칠까 생각했는데, 이게 뭐냐고!"

그리고 옆에 있던 신하들에게 계속 이야기합니다.

"설사 얼굴을 보이지 않았다고 하더라도 내린 처방이 저 더러운 요단강에 몸을 씻으라잖아! 다메섹강 아마나와 바르발은 이스라엘 모든 강물보다 낫잖아! 내가 거기서 몸을 씻으면 깨끗하게 되잖아!"

나아만의 말을 듣고 있던 신하들이 충신의 마음으로 이야기합니다.

"나아만 장군님! 엘리사 선지자가 나와서 당신을 명하여 이보다 큰 일을 행하라 하였더라면 그것을 행했을 것이 아닙니까! 그런데 당신에게 이르기를 씻어 깨끗하게 하라고 했는데 이건 너무 쉬운 일이 아닙니까!"

정말 문둥병이 낫기를 바란다면, 화를 내지 말고 엘리사의 말대로 요단강에 몸을 일곱 번 담그라는 이야기입니다. 나아만이 화를 내다가 신하들의 말을 듣고 보니 자신이 너무 감정적으로 생각한 것 같았습니다. 그래서 엘리사 선지자의 말대로 요단강에 일곱 번 몸을 잠그니 그 살이 어린아이의 살 같아서 깨끗하게 되었습니다. 흠도 티도 없는 어린아이와 같이 여러분의 심령이 깨끗해지기를 바랍니다. 이게 요단강에서 일어난 기적입니다.

이와 같이 오늘날에도 성령의 강이 흐르면 치료의 역사가 일어납니다. 성령의 강은 심령을 치료하고, 여러분의 가정을 치료하고, 자녀를 치료하고, 사업을 치료합니다. 성령이 가는 곳마다 치료의 역사가 일어납니다. 이 책을 읽고 있는 여러분에게도 치료의 역사가 일어나기를 바랍니다. 진정한 치료의 도움이 주님의 손길로부터 일어나기를 바랍니다. 할렐루야!

우리의 심령에 치료의 강물에서 넘쳐흐르면 단순히 육신의 병만 치료하는 게 아닙니다. 성령이 역사하는 곳에는 심령이 치료가 됩니다. 여러분, 예배에 깊이 들어가면, 그냥 내적 치료가 일어납니다. 성령이 내 안에 역사하면 사람을 소생시킵니다. 치료의 강이 사람의 육신뿐만 아니라 심령도 치료합니다.

이 강의 출발점은 어린 양의 보좌입니다. 어린 양 보좌는 예수 그리스도의 십자가의 죽음을 말합니다. 그러니까 예수님의 십자가의 죽음이 우리의 가슴에 먼저 임해야 생수의 강이 흐른다는 겁니다. 출발점이 예수 그리스도의 십자가입니다. 그래서 예수님은 나를 믿는 자의 받을 성령을 가리켜 말씀하신 겁니다. 그리고 성경을 보면, 그다음 괄호 안에 (아직 예수가 십자가에 죽지 않았으므로 이 강이 성도들 속에 역사하지 않더라) 하고 되어 있는 겁니다.

예수 그리스도의 십자가로부터 시작된다는 것을 잊지 마시기를 바랍니다. 여러분 안에 이 강은 꼭 흘러야 됩니다. 이 강이 흐르면 지금 우리가 사는 곳이 에덴동산이 됩니다. 가정이 에덴동산이 되고, 교회가 에덴동산이 되고, 여러분이 사는 사업장이 에덴동산이 됩니다. 여러분의 모든 삶이 에덴동산이 된단 말입니다.
"에덴을 회복하자."

에덴을 회복하면 성령의 강이 흐릅니다. 이 성령의 강의 출발점은 어린 양의 보좌입니다. 여러분 속에 어린 양의 보좌가 있어야 됩니다. 어린 양 보좌가 모든 강의 출발점이라면, 이 어린 양의 보좌는 곧 예수님의 십자가의 죽음을 의미합니다. 이 십자가와의 관계가 잘 세워져야만 생명의 강이 흐른다는 겁니다. 이건 하나님께서 우리에게 주신 큰 축복입니다. 아멘. 할렐루야!

여러분 속에 있는 영이 춤을 추기를 바랍니다. 여러분 속에 있는 영이 힘을 얻어서 시편의 다윗처럼 춤을 추시기를 바랍니다. 다윗이 '내 영혼아 내 영혼아 힘을 낼 지어다' 하며 찬양했던 것처럼 성령의 강이 우리 안에 흐르면 환경과 어떤 상태와 관계없이 우리의 삶 전체에 생명력이 일어납니다.

선악과를 극복하고 에덴동산을 회복하기

선악과를 극복하고 에덴동산을 회복하는 출발점은 어린 양의 보좌입니다. 어린 양의 보좌로부터 강이 출발하는데, 에덴동산에서 사람이 쫓겨난 이후에는 이 강이 없어진 겁니다. 사람이 강을 잃어버린 겁니다. 에덴동산에서 쫓겨난 이유가 선악과 때문입니다. 선악과는 먹지 말아야 될 나무였는데, 그걸 먹어서 에덴동산을 잃어버렸습니다. 이것을 회복하는 길은 우리가 예수님을 붙잡고 선악과를 극복하여 에덴을 찾는 겁니다.

사람이 선악과를 먹고 난 뒤에 완전히 에덴동산에서 쫓겨나 버렸습니다. 지금도 우리 속에서 이 강이 흐르지 않는 이유는 선악과를 따먹은 영향이 우리 속에 그대로 전해지기 때문입니다. 선악과를 십자가에 못 박아야 됩니다.

선악과를 먹은 이후 사람에게 찾아온 가장 심각한 결과는 죽음이 왔다는 겁니다. 육체적 죽음뿐만이 아니라 영의 죽음까지 왔습니다. 사람이 형벌 지옥에 간다는 말입니다. 선악과 때문에 지옥에 간다는 겁니다. 죽음과 사망의 그늘이 모든 인간에게 옵니다. 선악과 때문에 인간은 결국 죽는단 말입니다.

선악과를 먹고 죽음만 온 것이 아닙니다. 질병도 왔습니다. 질병이 찾아오면 얼마나 아프고 삶이 힘듭니까? 전부 선악과 때문입니다. 저주도 선악과 때문입니다. 인간에게 끼치는 모든 부정하고 안 좋은 것들이 모두 선악과 때문입니다. 선악과 하나가 인간에게 이러한 일을 일으킨 겁니다.

그러나 앞서 말한 비극은 지금 제가 이야기하는 것에 비하면 아무 것도 아닙니다. 선악과를 먹고 난 뒤에 인간 속에 사탄이 왔다는 겁니다. 인간이 사탄의 지배하에 들어가게 됩니다. 사람이 선악과를 따먹은 것은 사탄을 마신 거와 같은 겁니다.

사탄을 마시니까 사람의 피 속에, 사람의 혈관 속에, 세포 속에 침투해서 사탄과 사람이 섞여버렸습니다. 완전히 연합이 되어 버렸습니다. 사탄과 사람이 공동체가 되어 버렸습니다. 섞여서 분리할 수 없을 만큼 하나가 되었다는 겁니다. 이건 인간에게 비극입니다.

이 상태에서 인간을 분리시킬 수 있는 유일한 분이 누구냐? 예수 그리스도입니다. 예수 외에는 사탄으로부터 우리를 분리시킬 사람이 없습니다.

인간이 사탄을 마신 후로부터는 인간에게 모든 생각이 사탄의 생각과 같습니다. 사람의 생각이 곧 사탄의 생각입니다. 우리가 보기에 좋은 생각이라고 말하지만, 그렇지 않은 것들이 정말 많습니다. 한 가지 예를 말하겠습니다.

마가복음 8장 27-38절을 읽어봅시다.

"예수와 제자들이 가이사랴 빌립보 여러 마을로 나가실쌔 노중에서 제자들에게 물어 가라사대 사람들이 나를 누구라고 하느냐 여짜와 가로되 세례 요한이라 하고 더러는 엘리야, 더러는 선지자 중의 하나라 하나이다 또 물으시되 너희는 나를 누구라 하느냐 베드로가 대답하여 가로되 주는 그리스도시니이다 하매 이에 자기의 일을 아무에게도 말하지 말라 경계하시고 인자가 많은 고난을 받고 장로들과 대제사장들과 서기관들에게 버린바 되어 죽임을 당하고 사흘만에 살아나야 할것을 비로소 저희에게 가르치시되 드러내놓고 이 말씀을 하시니 베드로가 예수를 붙들고 간하매 예수께서 돌이키사 제자들을 보시며 베드로를 꾸짖어 가라사대 사탄아 내 뒤로 물러가라 네가 하나님의 일을 생각지 아니하고 도리어 사람의 일을 생각하는도다 하시고 무리와 제자들을 불러 이르시되 아무든지 나를 따라 오려거든 자기를 부인하고 자기 십자가를 지고 나를 좇을 것이니라 누구든지 제 목숨을 구원코자 하면 잃을 것이요 누구든지 나와 복음을 위하여 제 목숨을 잃으면 구원하리라 사람이 만일 온 천하를 얻고도 제 목숨을 잃으면 무엇이 유익하리요 사람이 무엇을 주고 제 목숨을 바꾸겠느냐 누구든지 이 음란하고 죄 많은 세대에서 나와 내 말을 부끄러워하면 인자도 아버지의 영광으로 거룩한 천사들과 함께 올 때에 그 사람을 부끄러워하리라"(막 8:27-38).

예수님은 제자들에게 자신이 고난과 죽임을 당할 것을 이야기 했습니다. 그 말을 듣고 베드로가 그렇게 되지 않았으면 좋겠다고 이야기합니다. 베드로는 자기 생각에 예수님이 고통을 당하고 죽임을 당하는 것을 원하지 않았습니다. 이건 베드로의 생각이었습니다. 하지만 베드로의 이런 생각이 잘못된 것이 아닙니다. 그 누가 스승이 죽임을 당한다는 말에 "아하, 그렇게 하세요" 하고 말하는 사람이 있겠습니까?

하지만, 베드로의 생각은 하나님의 생각과는 전혀 다른 생각이었습니다. 사탄의 생각이었습니다. 사탄의 뜻, 의지, 견해였습니다. 그래서 예수님께서 말씀하신 겁니다.

"사탄아 내 뒤로 물러가라 네가 하나님의 일을 생각지 아니하고 도리어 사람의 일을 생각하는도다."

예수님이 십자가의 죽음을 피하는 것이 사람의 일이라는 겁니다. 하나님의 일은 예수님이 십자가의 죽음을 맞이하는 겁니다. 이렇게 하나님의 생각과 사람의 생각은 다른 겁니다.

예수님을 판 가룟 유다에게도 사탄이 침투합니다. 요한복음 13장 21-30절을 읽어 봅시다.

"예수께서 이 말씀을 하시고 심령에 민망하여 증거하여 가라사대 내가 진실로 진실로 너희에게 이르노니 너희 중 하나가 나를 팔리라 하시니 제자들이 서로 보며 뉘게 대하여 말씀하시는지 의심하더라 예수의 제자 중 하나 곧 그의 사랑하시는 자가 예수의 품에 의지하여 누웠는지라 시몬 베드로가 머릿짓을 하여 말하되 말씀하신 자가 누구인지 말하라 한 대 그가 예수의 가슴에 그대로 의지하여 말하되 주여 누구 오니이까 예수께서 대답하시되 내가 한 조각을 찍어다가 주는 자가 그니라 하시고 곧 한 조각을 찍으셔다가 가룟 시몬의 아들 유다를 주시니 조각을 받은 후 곧 사탄이 그 속에 들어간지라 이에 예수께서 유다에게 이르시되 네 하는 일을 속히 하라 하시니 이 말씀을 무슨 뜻으로 하셨는지 그 앉은 자 중에 아는 이가 없고 어떤이들은 유다가 돈 궤를 맡았으므로 명절에 우리의 쓸 물건을 사라 하시는지 혹 가난한 자들에게 무엇을 주라 하시는 줄로 생각하더라 유다가 그 조각을 받고 곧 나가니 밤이러라"(요 13:21-30).

사탄이 가룟 유다 속에 들어가 예수를 팔려는 생각을 넣었다는 겁니다. 사탄화가 된 겁니다. 이런 모습들은 선악과를 따먹고 난 후부터 인간에게 생긴 겁니다. 모든 인간이 사탄을 마셨기 때문에 인간의 뜻, 의지, 견해가 그대로 사탄의 뜻, 의지, 견해가 되어 버린 겁니다. 사탄화가 되어 버립니다.

그래서 장로교 창시자인 존 칼빈이 말했습니다.

"인간은 전적으로 부패해 버렸다. 선한 것이 없으니 하나도 없었다."

사도 바울이 말한 그대로입니다. 사도 바울은 인간의 전적 부패를 '사람이 선한 것이 없으니 하나도 없었다'고 말한 겁니다. **전적 부패, 전적 타락.**" 인간의 모든 세포, 생각, 감정, 의지, 인간 전체가 다 사탄 덩어리가 됐다는 말입니다. 선악과가 이렇게 치명적으로 사람에게 독약을 먹게 한 겁니다.

이 상태에서 우리를 사탄으로부터 분리시킬 수 있는 분이 예수님뿐입니다. 예수님 외에는 우리를 사탄으로 분리시킬 수 없습니다. 인간은 자신의 삶이 자신의 것인 줄 알지만, 예수 그리스도가 없는 삶은 사탄의 삶입니다. 사탄이 인간을 끌고 다니는 겁니다. 사람은 자신도 모르는 사이에 사탄의 조종을 받고 있는 겁니다.

사탄에 이끌려서 밥을 먹고, 사탄에 이끌려서 잠을 자고, 사탄에 이끌려서 돈을 벌고, 모든 삶이 사탄과 일치돼서 움직인단 말입니다. 이 상태에서 사람을 꺼낼 수 있는 분은 예수님밖에 없습니다.

여러분이 예수님을 나의 구세주라고 부를 수 있게 된 걸 감사해야 됩니다. 안 그러면 사람의 선한 생각조차도, 진정한 선이라 할 수 없습니다. 선한 것까지도 사탄이 일으킨다는 겁니다. 베드로가 예수님의 십자가의 죽음을 막았다는 것처럼 말입니다. 예수 그리스도 외에 일어나는 모든 생각과 행동은 선한 것까지도 사탄이 하는 겁니다.

그러니까 예수님이 없는 삶은 사탄과 일치되어 하나의 공동체가 된 삶을 사는 겁니다. 인간이 사탄화가 되어서 인간이 희생당하고 있다는 것을 알아야 됩니다. 안타까운 것은 사람은 모른다는 겁니다. 도적같이 사탄이 사람 속에 들어와서 생각을 일으키고, 감정을 일으키고, 그 사람을 끌고 다니기 때문에 사람은 사탄이 아니라 자신이 하고 있는 줄 착각하고 있다는 겁니다. 사실은 자기가 아니라 배후에는 사탄이 꼬리를 잡고 흔들고 있다는 겁니다.

여기에서 우리를 건져내실 분은 예수 그리스도밖에 없습니다. 사탄과 완전히 섞여 가지고, 사탄과 공동체가 되어 사탄의 뜻, 의지, 견해를 따르고 있는 인간을 구원할 분은 예수님밖에 없습니다.

예수님은 사탄으로부터 날 꺼내기 위하여 십자가에 못 박혀 죽으셨습니다. 십자가에서 흘리신 보혈의 피로 우리가 사탄으로부터 분리되어 나올 수 있는 겁니다. 사탄으로부터 분리되는 것은 예수 그리스도의 보혈의 피밖에 없습니다. 아멘.

어린 양의 보좌, 예수 그리스도의 십자가가 있어야 우리가 사탄으로부터 나올 수 있습니다. 그래서 예수님의 십자가의 죽음이 중요한 겁니다.

우리가 선악과를 극복하려면 우리가 예수 그리스도를 꼭 붙잡고, 예수님이 겟세마네 동산에서 보여주신 원리를 따라야 됩니다. 이것 외에는 선악과를 극복할 길이 없는 겁니다. 예수님이 겟세마네 동산에서 기도하실 때 독립된 인간의 뜻, 인간의 의지, 인간의 견해를 하나님께 반납했습니다. 인간으로 오신 예수님은 모든 인류를 대표하여 "아버지여. 아버지여. 나의 뜻을 하나님께로 던지나이다. 내 뜻대로 마옵시고 아버지의 뜻대로 되기를 원하나이다" 하고 기도했습니다. 나의 뜻을 아버지의 뜻 앞에 예속시키는 것이 십자가이고 그것이 겟세마네 동산입니다.

아담과 하와가 선악과 따먹으면서 독립된 뜻을 예수님이 반납했습니다.

"인간이 독립된 뜻을 갖겠다고 타락한 그 기점을 원점으로 돌리기 위하여 모든 인류를 내가 대표하여 내 뜻을 하나님께로 다시 반납하겠습니다."

이것이 바로 십자가란 말입니다. 십자가는 두 가지로 나눌 수 있습니다. 하나는 겟세마네 십자가입니다. 다른 하나는 골고다의 십자가입니다. 겟세마네 십자가는 내적 십자가입니다. 골고다의 십자가는 외적 십자가입니다.

예수님이 이 땅 계실 때 피를 두 번 흘렸다고 그랬습니다. 한 번은 겟세마네에서 피를 흘렸습니다. 겟세마네에서 흘린 피는 누가 때려서 난 피가 아닙니다. 예수님이 자신의 뜻을 반납하는 과정에서 몸부림치다가 흘리신 피입니다. 성경학자들의 말에 의하면, 사람이 극단적인 몸부림을 치면 모세혈관을 통해서 피가 밀려 나온다고 합니다. 예수님이 바로 그런 피를 흘린 겁니다. 자신의 뜻을 내려놓기가 어렵습니다. 사람의 뜻은 사람의 혼적 생명이란 말입니다.

 자신의 뜻을 내려놓으면 죽는 거 같은 고통이 느끼지 않습니까? 자신의 뜻을 내려놓으면 나는 인간 같지도 않은 존재감이 없어져 버리지 않습니까? 내가 뜻을 내려놔 버리면 나는 텅 비고 난 인간도 아니잖습니까? 이러한 공허감을 느끼기 때문에 사람이 뜻을 꼭 붙잡고 있으려고 합니다. 절대 안 놓으려고 합니다. 그런데 이것을 하나님 앞에 던져야 됩니다.

 우리가 우리의 뜻, 의지, 견해를 하나님 앞에 던져야 되는 이유는 하나님이 우리보다 더 낫기 때문입니다. 이 사실에 신뢰감을 가지고 내 뜻을 하나님 앞에 던져야 되는 겁니다. 어떤 상황에서도 나의 뜻, 의지, 견해보다는 하나님의 뜻, 의지, 견해가 더 낫다는 겁니다.

 이건 교회를 오래 다녔다고 되는 것이 아닙니다. 장로님, 권사님, 집사님과 같은 직분도 소용없습니다. 우리 안에 성령의 생수의 강이 흘러야 되는 겁니다. 그래야 우리가 살아나고, 가정이 살아납니다.

야곱의 얍복강

 얍복강은 야곱과 관련이 있습니다. 야곱이 형 에서의 축복을 뺏었습니다. 그래서 에서가 야곱을 죽이려고 했습니다. 야곱은 형을 피해서 외갓집 하란으로 도망갔습니다. 야곱은 그곳에서 20년 동안 살았습니다. 라합을 위해서 7년을 일했는데, 라반에게 속아서 7년을 더 일하게 됩니다. 총 20년을 밧단아람에서 살았습니다.

그런데 고향에 가고 싶은 겁니다. 그 이유가 외삼촌 라반의 핍박이 심한 겁니다. 야곱이 고향으로 안 갈라고 하니까 하나님이 그 외삼촌 라반을 통하여 핍박을 한 겁니다. 야곱이 하란의 삶을 정리하고 고향 땅으로 돌아가게 되는데, 형 에서가 아직도 감정이 사그라지지 않았다는 겁니다. 야곱이 오면 죽이려고 한다는 겁니다. 그래서 야곱이 종들을 보냈습니다. 에서가 어떤 마음을 품고 있는지 알아보기 위해서 말입니다. 그런데 에서가 군대를 300명이나 데리고 온다는 겁니다. 정예부대 300명이 온다는데, 얼마나 무섭겠습니까?

야곱은 너무 무서워서 에서의 칼날을 피할 방법을 세웁니다. 이 방법은 정말 인간적인 방법입니다. 야곱의 생각입니다. 그 방법이 창세기 32장 11-23절에 나옵니다.

"야곱이 거기서 경야하고 그 소유 중에서 형 에서를 위하여 예물을 택하니 암염소가 이백이요 수염소가 이십이요 암양이 이백이요 수양이 이십이요 젖 나는 약대 삼십과 그 새끼요 암소가 사십이요 황소가 열이요 암나귀가 이십이요 그 새끼나귀가 열이라 그것을 각각 떼로 나눠 종들의 손에 맡기고 그 종들에게 이르되 나보다 앞서 건너가서 각 떼로 상거가 뜨게 하라 하고 그가 또 앞선 자에게 부탁하여 가로되 내 형 에서가 너를 만나 묻기를 네가 뉘 사람이며 어디로 가느냐 네 앞엣것은 뉘 것이냐 하거든 대답하기를 주의 종 야곱의 것이요 자기 주 에서에게로 보내는 예물이오며 야곱도 우리 뒤에 있나이다 하라 하고 그 둘째와 세째와 각 떼를 따라가는 자에게 부탁하여 가로되 너희도 에서를 만나거든 곧 이같이 그에게 고하고 또 너희는 말하기를 주의 종 야곱이 우리 뒤에 있다 하라 하니 이는 야곱의 생각에 내가 내 앞에 보내는 예물로 형의 감정을 푼 후에 대면하면 형이 혹시 나를 받으리라 함이었더라 그 예물은 그의 앞서 행하고 그는 무리 가운데서 경야하다가 밤에 일어나 두 아내와 두 여종과 열 한 아들을 인도하여 얍복 나루를 건널쌔 그들을 인도하여 시내를 건네며 그 소유도 건네고"(창 32:11-23).

야곱은 자신의 재산인 가축들을 두 떼로 나누어서 제일 먼저 앞세워 보냅니다. 한쪽을 공격하면 다른 한쪽은 도망가라고 한 겁니다. 그리고 그 다음에는 종들을 보냈습니다. 그 다음에는 자식들을 세웠고, 마지막에 아내들을 보냈습니다. 맨 마지막에 야곱이 가는 겁니다. 이걸 보면, 야곱이 가장 중요하게 생각한 것들의 역순으로 보낸 겁니다. 야곱이 중요하게 생각한 것이 무엇인지 알 수 있습니다.

야곱은 에서가 제일 먼저 가축의 무리들을 보고서 묻는다면, 주인이 야곱이라고 말하라고 했습니다. 그리고 형님인 에서에게 주는 선물이라고 전하라고 했습니다. 그 선물을 보고 마음이 누그러져서 동생을 죽이려던 마음이 녹아질까 봐 그런 겁니다. 그다음에 종을 세우고, 자식을 세우고, 마누라를 세웠습니다. 그리고 야곱은 제일 뒤에 딱 숨어서 있는 겁니다.

야곱의 이런 모습을 보면 바로 선악과를 따먹은 인간의 모습을 볼 수 있습니다. 자기중심적인 야곱의 모습이 보이지 않습니까? 인간이 이렇게 자기의 중심으로 살아갑니다. 그냥 나무 열매 하나를 먹은 게 아닙니다. 선악과를 먹음으로 사탄이 인간 속으로 들어와 모든 것을 사탄화 시켰다는 겁니다. 그래서 인간의 생각이 사탄이고, 느낌도 사탄입니다. 인간이 결정하는 모든 의지가 사탄입니다. 인간의 철저한 자기중심인 모습이 바로 그 증거입니다.

이렇게 자기를 보호하려는 야곱이 모두 다 보내놓고도 불안과 초조, 그리고 공포가 일어난 겁니다. 모든 수단을 다 동원했지만, 야곱은 마음을 놓을 수가 없었습니다. 그래서 한 것이 바로 하나님을 향하여 승부를 보는 겁니다. 사람은 인간의 수단과 방법이 무너져야 하나님을 붙잡고 승부합니다. 야곱처럼 잔꾀 부리지 말고, 하나님을 붙잡고 승부해야 합니다. 모든 인생을 살아가는 과정에서 우리는 하나님을 붙잡고 승부합시다. 이런 수단, 방법을 쓰지 맙시다. 개인 문제, 가정 문제, 사업 문제, 자녀 문제, 영적 문제 등이 일어날 때 인간의 잔꾀 쓰지 말고 하나님을 붙잡고 승부합시다. 야곱은 마지막으로 얍복강을 넘어가기 전에 얍복 강가에서 하나님께 기도합니다.

창세기 32장 24-32절을 읽어봅시다.

"야곱은 홀로 남았더니 어떤 사람이 날이 새도록 야곱과 씨름하다가 그 사람이 자기가 야곱을 이기지 못함을 보고 야곱의 환도뼈를 치매 야곱의 환도뼈가 그 사람과 씨름할 때에 위골되었더라 그 사람이 가로되 날이 새려하니 나로 가게 하라 야곱이 가로되 당신이 내게 축복하지 아니하면 가게 하지 아니하겠나이다 그 사람이 그에게 이르되 네 이름이 무엇이냐 그가 가로되 야곱이니이다 그 사람이 가로되 네 이름을 다시는 야곱이라 부를 것이 아니요 이스라엘이라 부를 것이니 이는 네가 하나님과 사람으로 더불어 겨루어 이기었음이니라 야곱이 청하여 가로되 당신의 이름을 고하소서 그 사람이 가로되 어찌 내 이름을 묻느냐 하고 거기서 야곱에게 축복한지라 그러므로 야곱이 그곳 이름을 브니엘이라 하였으니 그가 이르기를 내가 하나님과 대면하여 보았으나 내 생명이 보전되었다 함이더라 그가 브니엘을 지날 때에 해가 돋았고 그 환도뼈로 인하여 절었더라 그 사람이 야곱의 환도뼈 큰 힘줄을 친고로 이스라엘 사람들이 지금까지 환도뼈 큰 힘줄을 먹지 아니하더라"(창 32:24-32).

얍복 강가에서 하나님을 붙잡고 승부하니까, 하나님이 천사를 보냈습니다. 그곳에서 야곱이 천사를 붙잡고 밤새도록 위급한 상황에서 건져달라고 합니다.

"형 에서가 날 죽이려고 합니다. 내가 할 수 있는 모든 수단과 방법을 동원했는데, 좀처럼 마음이 안 놓입니다. 에서의 마음을 바꿔주세요."

밤새도록 천사를 붙잡고 씨름하여 기도하는데, 천사가 안 도와주는 겁니다.

"나는 너를 도와줄 수 없어. 안 도와주는 거야."

천사가 야곱을 왜 안 도와줍니까? 야곱이 철저히 자기중심적인 삶을 살기 때문입니다. 선악과를 먹고 사탄의 뜻, 의지, 견해대로 살고 있기 때문입니다. 그렇게 야곱과 천사가 씨름을 합니다. 천사가 야곱의 끈질긴 애원에 이기지 못하고 야곱의 환도뼈를 칩니다. 성경에 보니까, 환도뼈 때문에 절었다고 그랬습니다.

천사가 야곱의 환도뼈를 치니까 이제는 자기 혼자 도망가는 방법까지도 무너졌습니다. 야곱의 철저한 자기중심을 하나님께서 쳐버린 겁니다. 선악과를 따먹은 인간은 하나님이 도와줄 수 없습니다. 그래서 하나님이 도와주기 전에 인간에게 선악과를 먼저 반납을 시키십니다. 하나님은 선악과부터 먼저 반납을 시키고, 그다음에 사람을 도와주십니다. 마지막 환도뼈가 무너져야 하나님의 역사가 일어납니다.

야곱이 자기 뜻, 의지, 견해를 동원해도 할 수 없는 상황에 이르자, 마침내 하나님께 자기의 뜻, 의지, 견해를 반납합니다. 그리고 하나님의 뜻, 의지, 견해를 따르기로 합니다. 천사가 환도뼈가 위골된 야곱의 이름을 바꿔서 '이스라엘'로 부릅니다. 이스라엘은 '승리자'라는 뜻입니다.

얍복 강가에서 야곱이 자아를 반납하고 이스라엘이라는 이름을 얻었습니다. 그렇게 야곱은 얍복 강가에서 승리자가 된 겁니다. 예수님이 이 땅에 오신 뒤에 겟세마네 동산에서 "아버지여. 아버지여. 내 뜻대로 마옵시고 아버지의 뜻대로 하옵소서" 하고 인간의 뜻을 반납한 것처럼 야곱이 자신의 뜻, 의지, 견해를 반납했다는 것이 중요합니다. 그리고 이제 살든지 죽든지 하나님의 손에 맡긴다는 겁니다.

선악과를 반납하는 자에게 하나님의 도움의 손길이 있습니다. 예수님처럼, 야곱처럼 선악과를 하나님께 반납하시기를 바랍니다.

"내 뜻대로 되지 마옵시고 아버지의 뜻대로 되길 원합니다."

이런 고백이 여러분의 입술을 통해 이루어지길 원합니다. 그러면 하나님께서 천군천사를 일으켜 도와주십니다. 승리의 역사가 우리의 삶에서 일어납니다.

(기도)

"아버지 하나님, 내 안에 성령의 생수의 강이 넘치게 하옵소서. 선악과를 반납하고, 하나님 말씀을 받을 때 기쁨이 오게 하옵소서. 말씀이 임할 때 짜증이 나고, 반발이 생기고, 이상한 생각이 들지 않게 하옵소서. 원수 마귀 사탄이 싹 물러가게 하옵소서. 하나님께 자아를 반납하고 하나님의 뜻, 의지, 견해대로 살게 하옵소서. 예수 그리스도의 이름으로 기도하옵나이다. 아멘."

06

에덴동산 회복하기

창세기 2:1-17

¹천지와 만물이 다 이루니라 ²하나님의 지으시던 일이 일곱째 날이 이를 때에 마치니 그 지으시던 일이 다하므로 일곱째 날에 안식하시니라 ³하나님이 일곱째 날을 복 주사 거룩하게 하셨으니 이는 하나님이 그 창조하시며 만드시던 모든 일을 마치시고 이 날에 안식하셨음이더라 ⁴여호와 하나님이 천지를 창조하신 때에 천지의 창조된 대략이 이러하니라 ⁵여호와 하나님이 땅에 비를 내리지 아니하셨고 경작할 사람도 없었으므로 들에는 초목이 아직 없었고 밭에는 채소가 나지 아니하였으며 ⁶안개만 땅에서 올라와 온 지면을 적셨더라 ⁷여호와 하나님이 흙으로 사람을 지으시고 생기를 그 코에 불어 넣으시니 사람이 생령이 된지라 ⁸여호와 하나님이 동방의 에덴에 동산을 창설하시고 그 지으신 사람을 거기 두시고 ⁹여호와 하나님이 그 땅에서 보기에 아름답고 먹기에 좋은 나무가 나게 하시니 동산 가운데에는 생명나무와 선악을 알게하는 나무도 있더라 ¹⁰강이 에덴에서 발원하여 동산을 적시

고 거기서부터 갈라져 네 근원이 되었으니 ¹¹첫째의 이름은 비손이라 금이 있는 하윌라 온 땅에 둘렸으며 ¹²그 땅의 금은 정금이요 그곳에는 베델리엄과 호마노도 있으며 ¹³둘째 강의 이름은 기혼이라 구스 온 땅에 둘렸고 ¹⁴세째 강의 이름은 힛데겔이라 앗수르 동편으로 흐르며 네째 강은 유브라데더라 ¹⁵여호와 하나님이 그 사람을 이끌어 에덴 동산에 두사 그것을 다스리며 지키게 하시고 ¹⁶여호와 하나님이 그 사람에게 명하여 가라사대 동산 각종 나무의 실과는 네가 임의로 먹되 ¹⁷선악을 알게하는 나무의 실과는 먹지 말라 네가 먹는 날에는 정녕 죽으리라 하시니라

하나님이 인간을 창조하시고 인간에게 주신 최초의 축복이 에덴입니다. 하나님이 주신 에덴의 축복을 여러분이 받기를 바랍니다. 에덴은 두 가지의 원리로 되어 있습니다. 하나는 강이고, 다른 하나는 나무입니다. 에덴동산에는 큰 강이 네 개 흘렀습니다. **"비손, 기혼, 힛데겔, 유브라데"**입니다.

사람들은 에덴동산에 흐르는 이 강이 뭔지 모르고 살았습니다. 그런데 예수님이 요한복음에서 이 강의 의미를 가르쳐주셨습니다. 요한복음 7장 37-38절을 읽어봅시다.

"명절 끝날 곧 큰 날에 예수께서 서서 외쳐 가라사대 누구든지 목마르거든 내게로 와서 마시라 나를 믿는 자는 성경에 이름과 같이 그 배에서 생수의 강이 흘러나리라 하시니"(요 7:37-38).

예수님은 성경에 기록된 것처럼 그 배에서 생수의 강이 흘러야 된다고 했습니다. 그리고 이 생수의 강은 39절에서 성령을 가리킨다고 말씀하셨습니다.

"이는 그를 믿는 자의 받을 성령을 가리켜 말씀하신 것이라 (예수께서 아직 영광을 받지 못하신 고로 성령이 아직 저희에게 계시지 아니하시더라)"(요 7:39).

그러니까 예수를 정상적으로 믿으면 우리 속에서 성령의 강이 흘러야 되는 겁니다. 그런데 문제가 있습니다. 예수를 믿는다고 말은 하는데, 우리 속에 성령의 강이 잘 안 흐른다는 겁니다. 성령의 강이 흐르지 않은 이유가 있습니다. 그게 뭐냐? 바로 인간이 선악과를 따먹었기 때문입니다.

아담과 하와가 선악과를 따먹어서 사람은 완전히 망하게 된 겁니다. 선악과에 어떤 독이 있어서 그런 것이 아닙니다. 선악과를 먹은 인간의 마음과 결정, 행위 때문에 일어난 일입니다. 모두 선악과로부터 시작된 겁니다. 선악과를 먹음으로 인간은 에덴동산에서 쫓겨나게 됩니다. 그리고 에덴동산에서 흐르고 있는 4개의 강과 관계없는 삶을 살게 됩니다. 선악과를 따먹은 이후 인간은 완전히 참혹하게 됐단 말입니다.

사탄과 연합한 인간

선악과 열매 하나를 따먹은 걸로 그냥 끝난 게 아닙니다. 선악과에는 그 본질이 숨어있습니다. 인간이 선악과에 딱 접촉하는 순간, 인간에게는 무슨 일이 생깁니다. 바로 사탄을 마시는 겁니다. 이 세상에 가장 큰 독약인 사탄을 마신 겁니다. 굉장히 위험한 독약을 마신 겁니다.

사람의 몸속에 들어온 사탄은 구석구석 인간의 몸속을 돌아다니면서 인간을 점령합니다. 그리고 인간과 사탄을 일치시킵니다. 사람이 생각한다고 하는 것도 사탄의 생각입니다. 결정하고 행동하는 것도 사람이 하는 것처럼 알겠지만, 사탄이 하는 겁니다. 인간이 사탄화가 되어버린 겁니다. 사탄과 연합되어 버린 겁니다.

다시 말해서, 물 컵 안에 담긴 생수에 가루 물감을 집어넣었다고 합시다. 그럼 투명한 물이 어떻게 됩니까? 물과 가루 물감이 섞이면서 투명한 물색이 가루 물감 색으로 변합니다. 이렇게 섞인 물은 분리될 수 없습니다. 하나가 되어 버립니다. 이렇게 인간의 모든 것이 사탄과 동일하게 된다는 겁니다.

인간의 생각, 행동은 전부 사탄의 겁니다. 사탄에게 모든 것을 점령당했기 때문입니다. 사탄에게 모든 것을 조종당하게 된 겁니다. 이런 처절한 상황에 들어간 것이 선악과 사건입니다. 선악과를 따먹은 이후 그렇게 된 겁니다. 선악과 사건 이후에 선한 것이 없으니 하나도 없어졌습니다. 이걸 **"전적 부패, 전적 타락"**이라고 합니다.

장로교의 창시자인 존 칼빈이 말한 것이 바로 '전적 부패, 전적 타락'입니다. 인간의 모든 의지, 뜻, 행위가 사탄과 연합으로 함께 한 덩어리가 되어 버렸다는 겁니다. 칼빈의 이야기처럼 선악과를 따먹은 인간의 생각, 감정, 의지 전체가 다 사탄화가 되었다는 겁니다. 인간 속에 인간과 사탄이 따로 존재하고 있는 것이 아니라 둘이 섞여서 분리할 수 없을 만큼 사탄화가 되어 있다는 겁니다.

여기서 문제는 인간이 사탄과 하나가 됐다는 걸 모른다는 겁니다. 인간은 사탄에게 속아서 모든 것이 자기 뜻대로, 생각대로 이루어진다고 알고 있습니다. 인간과 사탄을 구분할 수 없을 만큼 하나의 뭉치로 묶어져 있기 때문입니다. 사람은 그것을 전혀 모릅니다. 그리고 그걸 알았다고 하더라도 인간은 스스로 탈출할 수 없습니다. 누군가 꺼내줘야 되는데, 그걸 할 수 있는 사람은 아무도 없습니다. 각자 자기 속에 들어와 있는 사탄을 꺼낼 힘도 없는데, 다른 사람 속에 있는 사탄을 어떻게 꺼낼 수 있겠습니까?

인간은 연약합니다. 얼마만큼 연약하냐면, 자기 생각을 절대화할 만큼 약합니다. 이게 무슨 말이냐? 자기 생각이 옳다는 것을 절대화하는 것은 그만큼 자신을 보호하려고 하는 겁니다. 자기 생각이 틀렸다는 것을 인정하게 되면 자신이 무너진다고 생각하기 때문입니다.

자기 생각이 옳지 않다는 것을 인정할 수 없는 겁니다. 그래서 인간은 무조건 자기 생각이 옳다고 생각합니다. 제가 이런 말을 하면, 자기 생각이 옳은 줄 아는 것이 아니라 정말 자기 생각이 옳다고 합니다. 이렇게 자기 생각을 절대화합니다. 생각의 구렁텅이에 빠져버립니다. 그래서 자기 생각과 다른 것은 무조건 잘못됐다고 합니다. 이렇게 인간은 연약합니다. 선악과를 따먹고 인간이 이렇게 되어 버린 겁니다.

그리스도와 연합의 강

그런데 인간 속에 자리를 잡고 인간을 사탄화로 만든 사탄을 몰아낼 분이 계십니다. 바로 예수 그리스도입니다. 생명나무이신 예수밖에 없습니다. 예수 그리스도가 사람 속에 들어오면, 에덴동산에 흐른 유브라데 강, 그리스도와 연합의 강이 흐릅니다. 그리고 사람은 깨닫게 됩니다.

'내 안에 사탄이 있었구나!'
'내 생각이라고 알고 있던 것이 사탄의 생각이었구나!'
'나의 모든 것들이 사탄에게 조종당하고 있었구나!'

인간의 생각, 감정, 의지가 모두 사탄의 것이었다는 것을 예수가 인간 속에 들어왔을 때 비로소 깨닫게 됩니다. 예수가 오기 전에는 전혀 알 수 없습니다. 사탄과 하나가 되어 있기 때문에 알 수 있는 길이 없습니다.

'아, 나는 사탄에게 똘똘 뭉쳐 있었구나!'

이런 깨달음이 오면서 그때부터 사탄과 분리가 일어납니다. 우리의 힘으로는 할 수 없는 일입니다. 완전히 사탄으로부터 붙잡혀 있던 인간의 내면에 예수가 들어와 사탄을 분리시킵니다. 그리고 사탄을 내쫓습니다. 이런 분리 과정에서 심한 현상이 일어납니다.

세상에 있을 때 마귀를 많이 섬기고, 우상 숭배를 많이 한 사람들은 교회에 나와서 예수 그리스도를 믿고 마음속에 받아들일 때 영적으로 충격이 크게 일어납니다. 저의 어머니는 반무당이었습니다. 제가 어릴 때, 날마다 제사를 지냈습니다. 무당이 굿을 하는데 어머니와 함께 갔습니다. 어머니는 저에게 대나무를 꺾어가지고 흔들리는 걸 맨날 잡으라고 했습니다. 어릴 때 저는 어머니를 따라 그렇게 자랐습니다.

제가 서울에 와서 교회를 나오고 예수 그리스도를 믿으면서 제 안에 있던 사탄이 나가는데 그냥 나가지 않았습니다. 다른 사람들보다 더 요란했습니다.

'와당탕.'

사탄이 시끄럽게 나갔습니다. 걷다가 어지러워 쓰러져서 견딜 수가 없었습니다. 전봇대를 붙잡고 안 쓰러지려고 한참을 있었습니다. 저는 사탄이 나가는 과정이 정말 심했습니다.

세상에서도 우상숭배를 좀 덜 한 사람들보다 주로 종갓집 자식들이 교회에 나오면 사탄이 나가는 현상이 심합니다.

"와당탕, 와당탕."

심하게 사탄이 나갑니다. 모든 제사를 거기서 다 지내기 때문에 그렇습니다. 그래서 어머니를 따라 다니며 우상숭배를 했던 저한테도 굉장히 심했습니다. 심지어 저는 이런 과정 때문에 교회를 다닌 걸 후회한 적도 있었습니다. 너무 힘들어서 정말 후회했습니다. 그런데 내 속에서 사탄이 떠나가고 예수의 영이 저를 지배하니까 그때부터 너무 좋은 겁니다.

인간은 자기 자신이 사탄의 희생물이라는 것을 모르고 삽니다. 그래서 영이 교체된다는 것도 인지하지 못합니다. 그런데 예수의 영이 우리 안에 들어오면 영적 충돌이 일어나면서 사탄이 반항을 합니다. 그래서 영이 교체될 때 사람은 힘들어합니다. 그리고 그 현상은 사람마다 다르게 나타납니다. 구역질하는 사람, 토하는 사람, 머리가 띵한 사람, 졸리는 사람 등 별 현상이 생깁니다. 우리 안에 여러 가지 현상이 일어난다면, 예수 그리스도가 내 속에 오셔서 사탄을 밀어내고 예수 그리스도의 뜻이 들어왔다는 증거입니다. 그렇게 그리스도와 연합의 강을 이루는 겁니다.

사탄에게 지배당한 인간은 자신의 뜻, 견해, 의지가 자신의 것인 줄 알았지만 사탄의 뜻, 견해, 의지였습니다. 사탄과 연합하여 동일하기 때문에 갈등이 없었습니다. 자기 생각대로 행동해도 부딪히는 것이 없습니다. 왜냐하면, 그것이 바로 인간 속에 있는 사탄의 생각이기 때문입니다.

그런데 예수 그리스도가 인간 속으로 들어오며 사탄을 밀어내니까 인간 속에서 갈등이 생기는 겁니다. 인간의 뜻, 의지, 견해와 예수 그리스도의 뜻, 의지, 견해가 부딪히는 겁니다. 인간의 내면에서 심각한 충돌이 일어나는 겁니다. 이것이 바로 사탄이 인간 속에서 나가는 현상입니다. 인간의 뜻, 의지, 견해를 반납하고 하나님의 뜻, 의지, 견해를 받아들이는 과정인 겁니다.

하나님 말씀이 내 속에 들어오고 예수가 내 속에 들어오면, 사탄으로 똘똘 뭉쳐져 있던 인간이 그때부터 분리되기 시작합니다. 하나님이 인간 속에 들어가면, 인간은 사탄과 분리가 될 수밖에 없습니다. 왜냐하면, 하나님은 인간 속에 자리를 잡고 있는 사탄과 함께할 수 없기 때문입니다.

교회를 아무리 오래 다니고, 열심히 다녀도 하나님의 말씀을 듣고도 아무 감각이 없는 사람은 하나님이 그 안에 들어가지 않았다는 겁니다. 예수 그리스도의 십자가의 보혈이 그 사람과 관계가 없다는 겁니다. 구원이 없다는 겁니다. 새 생명이신 예수 그리스도가 그 안에 들어가지 않았다는 겁니다. 아직도 그 안에 사탄이 자리를 잡고 있다는 겁니다.

예수 그리스도가 들어간 사람은 하나님의 말씀을 들으면 '찔림'이 있습니다. 말씀을 들으면 내면에서 갈등이 일어납니다. 말씀을 들으면 괴로운 사람이 있습니다. 이런 사람은 하나님이 그 안에 들어와서 사탄을 밀어내고 있는 겁니다. 사탄의 뜻, 의지, 견해를 밀어내고 하나님의 뜻, 의지, 견해를 받아들이고 있다는 겁니다. 구원을 받아서 이 사람은 앞으로 변화되는 겁니다.

그다음에 하나님 말씀을 듣고 고민이 되고, 괴로움이 오는 사람은 이미 그 속에 하나님의 씨가 왔다는 겁니다. 그리고 그 고민과 괴로움이 자신에게 기쁨이 됩니다. 말씀이 기쁨으로 온다면 그 사람 안에는 하나님의 씨가 자리를 잡은 겁니다.

사탄과 일치하여 사탄화가 된 인간이 예수 그리스도가 들어와서 사탄과 분리가 되어 예수 그리스도와 연합을 이룹니다. 하나님이 인간을 창조하시고 하나님의 뜻, 견해, 의지대로 살았던 인간이 선악과를 먹고 사탄의 뜻, 의지, 견해대로 살았습니다. 그랬던 인간이 예수 그리스도를 믿고 받아들여서 하나님의 뜻, 의지, 견해대로 회복된다는 겁니다.

이 모든 일은 성령이 하십니다. 삼위일체 하나님이 하십니다.

성부 하나님은 계획하시고, 성자 하나님은 이루시고, 성령 하나님은 적용하십니다. 성령이 우리 속에서 생수의 강을 흐르게 해 주십니다.

복음의 7대 연합

요단 강에서 예수님이 세례를 받으십니다. 요단 강은 치료의 강이기도 하지만, 세례의 강이기도 합니다. 예수의 세례의 강이 의미가 있는 것은 세례를 통해 하나님과 연합을 이루기 때문입니다. 세례를 통해 인간이 예수 그리스도와 연합을 이루게 된다는 겁니다.

사탄과 연합된 인간을 사탄과 분리해서 예수 그리스도와 우리를 연합시키는 것이 세례라는 겁니다. 이게 사람의 힘으로 되는 게 아닙니다. 사람 안에 성령의 강이 흘러야 되는 겁니다. 성령의 강이 흐르지 않으면 사람이 그리스도와 연합이 될 수가 없습니다. 그리스도와 연합하는 것이 **"복음의 7대 연합"**이라고 합니다. **"탄생의 연합," "고난의 연합", "죽음의 연합", "승천의 연합", "부활의 연합", "승천의 연합", "재림의 연합", "왕국의 연합."** 이게 복음의 7대 연합입니다.

하나님의 성령이 7대 복음을 사람과 연합시키려고 합니다. 그러니까 하나님의 성령이 우리 속에 오셔서 생수의 강을 일으키고

치료의 강이 흐르면 우리의 모든 삶에 힘을 주시고, 승리의 삶이 일어나는 겁니다. 하나님의 성령이 우리에게 마지막에 이루시는 역사가 우리를 그리스도와 하나 되게 하는 겁니다. 예수와 연합하는 겁니다. **"온전히 연합됩시다."**

복음의 7대 연합은 그리스도와 연합된다는 겁니다. 그럼 무엇으로 그리스도와 연합된다는 건가?

첫째, **"그리스도와의 탄생과의 연합"**입니다. 이 세상을 만드신 창조주 하나님이 이 세상에 육체의 옷을 입고 오신다는 겁니다. 예수님이 이 땅에 오시는 것은 사람이 이 땅에 태어나는 것과 다릅니다. 사람은 남자와 여자가 결혼해서 아이를 낳잖습니까? 그런데 마리아는 혼자 아이를 낳았습니다. 마리아 혼자 성령으로 잉태한 겁니다. 창조 이후에 성령으로 이 세상에 온 것은 예수님밖에 없습니다. 하나님이 사람의 배를 빌려서 이 땅에 오신 것이 예수님입니다.

그런데 여러분, 마리아가 바람피워서 애 낳은 지도 모르지 않겠습니까? 성령으로 예수님을 낳았다는 것을 어떻게 알 수 있습니까? 그것도 2,000년 전에 얘기잖습니까? 2,000년 전 얘기를 우리가 언제 확인하겠습니까? 그런데 이걸 믿습니까?

예수 그리스도를 믿는 자들은 마리아가 성령으로 잉태한 것을 처음부터 옆에서 다 본 것처럼 믿습니다. 이걸 믿는다는 것은 본

정신이 아닐 겁니다. 어떻게 이걸 믿을 수 있는 겁니까? 그런데 그리스도인들이 믿는단 말입니다. 이렇게 믿는 것은 모두 성령이 하는 겁니다.

마리아가 성령으로 잉태하여 아이를 낳은 것은 기적입니다. 마리아가 처음 애를 낳고 강보에 싸인 아기를 안고 있을 때, 천사가 목자들에게 와서 찬양했습니다.

누가복음 2장 8-14절을 읽어봅시다.

"그 지경에 목자들이 밖에서 밤에 자기 양떼를 지키더니 주의 사자가 곁에 서고 주의 영광이 저희를 두루 비취매 크게 무서워하는지라 천사가 이르되 무서워 말라 보라 내가 온 백성에게 미칠 큰 기쁨의 좋은 소식을 너희에게 전하노라 오늘날 다윗의 동네에 너희를 위하여 구주가 나셨으니 곧 그리스도 주시니라 너희가 가서 강보에 싸여 구유에 누인 아기를 보리니 이것이 너희에게 표적이니라 하더니 홀연히 허다한 천군이 그 천사와 함께 있어 하나님을 찬송하여 가로되 지극히 높은 곳에서는 하나님께 영광이요 땅에서는 기뻐하심을 입은 사람들 중에 평화로다 하니라"(눅 2:8-14).

천사가 말하기를, 강보에 싸인 아기를 보는 것은 표적이라고 했습니다. 천지가 창조된 이후에 기적들이 많이 있습니다. 노아의 홍수 사건, 홍해가 갈라진 사건, 여리고성이 무너진 사건 등 여러 기적들이 많습니다. 에녹이 승천한 사건, 죽은 사람이 살아난 것

등 성경의 기적들이 많습니다. 성경에 기록된 많은 기적 중에서 가장 큰 사건이 바로 예수님이 사람으로 이 땅에 오신 사건입니다. 이건 정말 불가능한 일입니다. 이 일을 하나님이 하셨기 때문에 우리에게 표적이 되는 겁니다.

"너희가 가서 강보에 싸여 구유에 누인 아기를 보리니 이것이 너희에게 표적이니라."

이 모든 것이 다 성령이 한 겁니다.

둘째, **"고난의 연합"**입니다. 헤롯 왕 속에 사탄이 들어가서 핍박하고 죽이려고 했습니다. 그래서 천사가 내려와서 마리아와 요셉에게 애굽으로 잠시 피하라고 했습니다.

마태복음 2장 13-18절을 읽어봅시다.

"저희가 떠난 후에 주의 사자가 요셉에게 현몽하여 가로되 헤롯이 아기를 찾아 죽이려하니 일어나 아기와 그의 모친을 데리고 애굽으로 피하여 내가 네게 이르기까지 거기 있으라 하시니 요셉이 일어나서 밤에 아기와 그의 모친을 데리고 애굽으로 떠나가 헤롯이 죽기까지 거기 있었으니 이는 주께서 선지자로 말씀하신바 애굽에서 내 아들을 불렀다 함을 이루려 하심이니라 이에 헤롯이 박사들에게 속은 줄을 알고 심히 노하여 사람을 보내어 베들레헴과 그 모든 지경 안에 있는 사내 아이를 박사들에게 자세히 알아본 그 때를 표준하여 두 살부터 그 아래로 다 죽이니 이에 선지자 예레미야로 말씀하신바 라마에서 슬퍼하며 크게 통곡하는 소리가 들리니 라헬이 그 자식을 위하여 애곡하는 것이라 그가 자식이 없으므로 위로 받기를 거절하였도다 함이 이루어졌느니라"(마 2:13-18).

아이를 낳은 지 얼마 안 되는 마리아가 예수님을 안고, 요셉과 함께 애굽으로 피하여 가는 겁니다. 헤롯왕의 핍박을 피해서 가는 이 모습이 얼마나 고난스럽습니까? 성령으로 마리아가 임신해서 예수님을 낳았을 때 사탄은 비상이 걸립니다. 그래서 헤롯왕이 핍박한 겁니다.

우리에게도 복음의 씨가 들어오면 그날부터 고난이 옵니다. 왜냐하면, 복음의 씨가 들어오면 사탄은 비상이 걸립니다. 원래 인간의 성품은 고난이 오고, 핍박이 오면 힘듭니다. 그래서 옛날처럼 돌아가는 마음이 생깁니다.

물질적으로 힘들고, 배우자도 핍박하고, 내 주위에 막 고난이 온단 말입니다. 예수를 믿기 전에는 힘들지 않았는데, 예수를 믿고 난 후에는 고난이 찾아와서 힘드니까 예전으로 돌아가려는 마음이 생깁니다. 사탄은 이걸 노리고 핍박하고 고난을 줍니다.

그런데 복음의 씨가 잘 자리 잡은 사람들에게는 고난이 오면 이상한 일이 생기는 겁니다. 제가 이야기한 것처럼 힘들고 슬프고 고난에서 벗어나기 위해서 옛 시절로 돌아가려는 마음이 들어야 하는데, 기쁨이 오는 겁니다. 이건 본정신이 아닙니다.

제가 원래 고난이 오면 힘들다고 했잖습니까? 힘들면 짜증이 납니다.

"아이고, 교회를 다니기 시작하니까 어떻게 더 힘드냐?"

이런 불평과 불만이 나와야 되는데, 고난이 올수록 내 속에서 더 힘이 생깁니다. 내 마음에 기쁨이 넘칩니다. 이런 게 기적이란 말입니다. 이런 현상이 일어나는 사람을 고난의 연합이라고 합니다.

사람의 눈으로 볼 때 비정상적으로 보이는 그들에게는 고난의 연합에 들어선 겁니다. 그래서 고난이 왔을 때 고난을 즐기고, 기쁨으로 대하는 겁니다. 아멘.

베드로전서 4장 12-13절을 읽어봅시다.

"사랑하는 자들아 너희를 시련하려고 오는 불시험을 이상한 일 당하는것 같이 이상히 여기지 말고 오직 너희가 그리스도의 고난에 참예하는 것으로 즐거워하라 이는 그의 영광을 나타내실 때에 너희로 즐거워하고 기뻐하게 하려 함이라"(벧전 4:12-13).

베드로가 고난에 참예하는 것으로 즐거워하고 기뻐하라고 했습니다. 이것은 성령의 강이 흐르면 우리를 그리스도의 고난과 연합시켜줌으로 초자연적인 역사가 일어난다는 겁니다. 그래서 사람의 눈으로 볼 때 고난이지만, 그것으로 예수 그리스도의 영광이 나타나기 때문에 즐거워하고 기뻐할 수 있다는 겁니다.

사도 바울도 예수 그리스도를 전파하다가 감옥에 들어가서도 찬송하고, 기뻐했던 것도 이와 같은 이유였습니다. "고난의 연합"에 참여하는 여러분이 되길 바랍니다.

그 다음은 **"죽음의 연합", "부활의 연합", "승천의 연합", "재림의 연합", "왕국의 연합"**입니다. 복음의 7대 연합이 일어난 곳의 출발점이 바로 예수님이 요단강에서 세례를 받으실 때 일어난 겁니다. 그리고 이 강이 바로 성령이 함께했다는 겁니다.

에덴동산의 원리대로 생명나무이신 예수 그리스도, 어린 양의 보좌로부터 시작되어 여러분 마음 속에 에덴의 축복이 임하길 바랍니다. 하늘나라에 갈 때까지 이 강이 멈추지 않고 선악과를 반납하고 에덴동산에 흐른 네 개의 강이 흘러 심령, 가정, 교회, 삶의 모든 영역들이 다 살아나길 바랍니다.

기도

"주님, 내 속에도 에덴의 강이 흐르게 하옵소서. 나를 소성시켜 주시고, 치료하여 주시고, 나를 승리케 하여 주시옵소서. 나를 그리스도와 연합시켜 주셔서 항상 내 속에 성령의 생수의 강이 흘러넘치게 하옵소서. 주님의 어린 양의 보좌를 꼭 붙잡고 에덴의 원리대로 내 삶이 회복되어 살아나길 원하옵나이다. 예수 그리스도의 이름으로 기도하옵나이다. 아멘."

전광훈 목사 설교 시리즈 Light 09
에덴의 원리

초판 발행 2025년 8월 4일

지은이 전광훈
펴낸곳 주식회사 뉴퓨리턴

주소 서울특별시 성북구 장위로 40다길 19, 1층 106호(장위동)
대표전화 070-7432-6248
팩스 02-6280-6314
출판등록 제25100-2023-043호
이메일 info@newpuritan.kr

ISBN 979-11-992908-3-9 03230